MAURICIO SITA
Coordenação editorial

COACHING A HORA DA VIRADA

VOLUME III

Copyright© 2019 by Literare Books International.
Todos os direitos desta edição são reservados à Literare Books International.

Presidente:
Mauricio Sita

Vice-presidente:
Alessandra Ksenhuck

Capa:
Estúdio Mulata

Projeto gráfico e diagramação:
Paulo Gallian

Revisão:
Camila Oliveira e Rodrigo Rainho

Diretora de projetos:
Gleide Santos

Diretora executiva:
Julyana Rosa

Relacionamento com o cliente:
Claudia Pires

Impressão:
Impressul

Dados Internacionais de Catalogação na Publicação (CIP)
(eDOC BRASIL, Belo Horizonte/MG)

C652   Coaching: a hora da virada: vol. III / Coordenação editorial Mauricio Sita. – São Paulo, SP: Literare Books International, 2019.
16 x 23 cm

ISBN 978-85-9455-189-4

1. Assessoria empresarial. 2. Assessoria pessoal. I. Sita, Mauricio.

CDD 658.407124

Elaborado por Maurício Amormino Júnior – CRB6/2422

Literare Books International Ltda.
Rua Antônio Augusto Covello, 472 – Vila Mariana – São Paulo, SP.
CEP 01550-060
Fone/fax: (0**11) 2659-0968
site: www.literarebooks.com.br
e-mail: contato@literarebooks.com.br

Sumário

**Coaching: uma estratégia eficaz
para desenvolver a liderança** 7
Ana Claudia Karam

A consciência de quem você é está no agora 13
Ana Cristina Xavier de Almeida

**Executive coaching, uma jornada de
desenvolvimento contínuo** 21
Ângela W. Lima

**Conhecimentos das neurociências
e do coaching para transformar a sua vida** 29
Antonio Altmeyer, PhD

O extraordinário poder da mente 37
Carol Zacarias

**Como se preparar financeiramente
para a sua jornada** 45
Debora Rosa

**Autoestima: em busca da sua essência
por meio das estratégias de coaching** 53
Denise Almeida Wendland

**Empowerment: empoderamento pessoal
e profissional por meio do coaching** 61
Ederson M. Menezes

Será que o coaching é para mim? 69
Grazziela Santos

Desconstruindo crenças limitantes 75
Ivan Fortes

Você quer alcançar sucesso profissional? 83
Jonathan dos Santos Silva

**Encontrando caminhos para
redesenhar a vida pela comunicação** 91
Joselita Gonçalves Sanchez

**Vendedor coach: transformando pessoas
comuns em vendedores extraordinários** 99
Juliano Cardoso

Coaching com apoio da Psicologia Positiva 107
Leonardo Duncan

Seja você a hora da virada 113
Leticia Almeida

O retorno do caixeiro-viajante 121
Lima Júnior

O coaching transformando vidas 129
Luiz Carlos de Almeida

A pluralidade e multidimensionalidade do modelo cognitivo-comportamental para o alcance das metas................................ 137
Luiz Ricardo Vieira Gonzaga

"Dormindo com os ratos e acordando em uma cobertura..." 145
Marcia Barros

A sustentabilidade das naturezas humana e profissional................................. 153
Rossana Perassolo

Você já experimentou os benefícios do autocoaching? 161
Silvia Queiroz

Afinal, em que momento acontece a virada na carreira profissional?........................ 169
Valtermario Rodrigues

Capítulo 1

Coaching: uma estratégia eficaz para desenvolver a liderança

Ana Claudia Karam

O *coaching* é um processo de desenvolvimento de competência capaz de expandir o poder de liderança. O líder, ao utilizar competências adequadas a cada situação, em especial aquelas derivadas da prudência, justiça, fortaleza e temperança, gera impacto transformador ao seu redor e promove o desenvolvimento.

Ana Claudia Karam

Formada em Direito pela Pontifícia Universidade Católica de São Paulo (2008). Com doutorado em Direito Comercial pela Faculdade de Direito da Universidade de São Paulo (2009). Formação em Direção Geral – *Program for Management Development* – PMD pelo IESE (2013). *Life* e *executive coach* formada pelo ICI – *Integrated Coaching Institute*. Certificada para aplicação e devolutiva do *Assessment* de liderança JANUSIAN® da Khorppe. É diretora geral e professora coordenadora do CEU *Law School*. Sócia-fundadora, curadora estratégica e *executive coach* na *Insightsbr – Organizing Legal Knowledge*.

Contatos
www.insightsbr.com
ana.karam@insightsbr.com
(11) 98133-3576

I. Introdução

Na atual Economia 4.0, o conhecimento técnico é transferido digitalmente e o *machine learning* dá passos largos em direção à inteligência artificial. Nesse contexto, as competências de liderança passam a ser o grande diferencial dos executivos e demais profissionais inseridos em um mercado cada vez mais dinâmico e competitivo.

Como advogada, *coach* e gestora educacional de programas executivos, constato de perto os efeitos dessa transformação: profissionais altamente técnicos, mas muitos deles confusos e vitimizados por não conseguirem responder à altura dos novos desafios.

Essas dificuldades – somadas à pressão constante por resultados, rapidez e inovação dos negócios – dão lugar a comportamentos ineficazes, tais como procrastinação, instabilidade emocional, dificuldade de delegar e de manter o foco, que tiram o profissional do trilho do desenvolvimento e podem, inclusive, culminar no fracasso e na infelicidade.

Todos já vivemos situações semelhantes como protagonistas ou observadores. E isso nos leva a constatar que a "competência profissional é muito mais do que simples posse de uns conhecimentos técnicos ou acadêmicos: envolve a capacidade de utilizar bem esses conhecimentos para fins proveitosos"[1].

Em resumo, de nada vale o saber teórico, o "conhecimento explícito"[2] se não sabemos colocá-lo em prática para atingir o resultado que queremos ou o bem que podemos fazer. E o saber prático corresponde justamente às competências de liderança, também chamadas de virtudes.

II. Liberdade, virtudes e liderança

O ser humano tem certas capacidades que o distinguem dos demais seres. São potências que o permitem escolher, exercer a

---

1 HARVARD, Alexandre. *Virtudes & Liderança: a sabedoria das virtudes aplicada ao trabalho*. São Paulo: Quadrante, 2016, p. 23.
2 NONAKA, I.; TAKEUCHI, H. *Criação de conhecimento na empresa*: como as empresas japonesas geram a dinâmica da inovação. Rio de Janeiro: Elsevier, 1997, *passim*.

liberdade; guiar e dirigir seu comportamento rumo a objetivos e, finalmente, à sua missão de vida.

Diferentemente dos animais, a pessoa tem a prerrogativa de agir consciente e de forma transcendente a seus próprios interesses. Assim, enquanto um cachorro faminto vê um prato de comida e o devora em instantes, o ser humano, igualmente faminto, pode exercer sua liberdade e escolher apenas comer metade do prato apetitoso e deixar a outra parte para o filho, ou mesmo armazenar, ao prever a escassez do dia seguinte.

Essas potências humanas narradas no exemplo acima denominam-se "inteligência" e "vontade".

Por um lado, com a inteligência conhece-se o bem, o melhor a fazer, objetivamente, em cada situação. Por outro lado, com a vontade, elege-se aquele bem, inclusive em detrimento da própria satisfação, sacrificando a si próprio para tanto.

Esse esforço contínuo por tomar consciência ("inteligência") e agir da melhor forma possível ("vontade"), valendo-se das competências adequadas a cada situação, imprime no homem e na mulher o perfil da liderança.

Um líder é aquele que age de forma competente, virtuosa, com a força da inteligência e da vontade e não apenas com instinto ou impulso.

Quanto maior o arsenal de virtudes de uma pessoa, maior sua capacidade de exercer a liderança e, consequentemente, de influenciar positivamente o seu meio social.

Ninguém nasce líder. O exercício da liderança não é proveniente de nosso instinto ou temperamento, modo de ser inato. Todos podemos tornar-nos líderes à base do desenvolvimento das virtudes[3].

Em primeiro lugar, líderes de nosso próprio ser, aprendendo a lidar com nossas características naturais: alguns tímidos, outros extrovertidos; uns ativos e pragmáticos, outros passivos e mais reflexivos, e assim por diante.

Notamos, por exemplo, que mesmo naturalmente ativos e pragmáticos, é um bem, em certas circunstâncias, refletirmos com profundidade antes de nos lançar à ação. E, quando fazemos isso, agimos com *prudência*, logramos a autoliderança.

A liderança sempre transborda. Ou seja, os comportamentos virtuosos atingem os demais com quem nos relacionamos e os impacta.

Por isso, ao levarmos em consideração os outros, respeitando-os e considerando suas características em relação às nossas, agimos com *justiça* e exercemos a liderança de pessoas.

---

3 HARVARD, Alexandre, *op. cit.*, p. 20.

O líder é coerente, consistente. Suas ações são previsíveis porque foram pautadas por critérios previamente conhecidos e, por isso, têm solidez e não mudam de acordo com as circunstâncias.

Ao buscarmos agir sempre melhor, por razões nobres e não sucumbirmos às pressões do ambiente, agimos com a virtude da *fortaleza* e exercemos a liderança dos projetos.

Há quem diga que somos o que fazemos. E é verdade. Quando dirigimos nossas ações, considerando de antemão o que queremos, agimos com *temperança*, exercendo a *liderança estratégica*.

Todas as demais virtudes decorrem das quatro já citadas: prudência; justiça; fortaleza e temperança. São competências de líderes capazes de gerir a si mesmos, os outros, os projetos e, estrategicamente, a própria vida.

III. *Coaching* e liderança

Já dissemos que ninguém nasce líder e que a liderança advém da prática das virtudes. E se pode questionar: como fazer para gerar esse saber prático, de que modo desenvolver as virtudes?

Aprendemos a fazer, fazendo. E essa é uma realidade maravilhosa! Todos nós, se desejarmos adquirir uma nova competência, podemos adquiri-la, treinando com a finalidade de reprogramar nossos (maus) hábitos.

O processo de geração de um novo hábito requer clareza do comportamento a ser desenvolvido e disciplina para treinar esse novo comportamento. Leva certo tempo e depende do esforço em lutar contra os obstáculos da nossa forma de fazer atual, que está a ponto de ser transformada[4].

Como no esporte, esse treino pode ser solitário ou guiado, sendo essa última forma comprovadamente mais eficaz.

O *coaching* nada mais é do que esse treino, propiciado à pessoa que deseja transformar um hábito e aumentar seu poder de liderança (*coachee*), com a ajuda de um treinador (*coach*). Por isso, o *coaching* consiste no processo de desenvolvimento de competências de liderança[5].

Importante notar que, como já dissemos, qualquer virtude pode ser desenvolvida no *coaching*. Porém, a cada processo trabalha-se o desenvolvimento de uma única competência, sendo o acerto na escolha desta fundamental ao sucesso do processo.

Saber qual dos comportamentos do *coachee* no momento e nas circunstâncias em que ele se encontra será o mais eficaz, para lhe gerar

---

4 DUHIGG, Charles. *O poder do hábito*. 32. ed. São Paulo: Objetiva, 2017, *passim*.
5 DI STÉFANO, Rhandy. *O líder-coach*: líderes criando líderes. 14ª reimpressão. Rio de Janeiro: QualityMark, 2012, p.73 e ss.

maior liberdade e capacidade de realizar o bem que deseja, é diagnóstico delicado e exigente. Nessa fase do processo, o papel do *coach* é fundamental para auxiliar o *coachee* realizar a escolha.

Na minha experiência, para essa etapa, em certos casos, a utilização de "*assessment* de liderança" trará luz sobre os comportamentos que merecem mais atenção, intensidade e frequência de uso dos mesmos, assim como o impacto nos demais.

Descoberta a virtude a ser desenvolvida, toda força segue para o plano de ação e apoio do *coach* ao *coachee* a conquistar.

O caminho da liderança é verdadeiramente motivador e nossos tempos clamam por líderes capazes de enfrentar os desafios com arsenal de competências rico o suficiente para conseguirem gerar o bem e a transformação ética que somente os seres humanos são capazes de gerar.

Vamos juntos nessa jornada?

Referências

HARVARD, Alexandre. *Virtudes & liderança: a sabedoria das virtudes aplicada ao trabalho*. São Paulo: Quadrante, 2016, p. 23.

NONAKA, I.; TAKEUCHI, H. *Criação de conhecimento na empresa: como as empresas japonesas geram a dinâmica da inovação*. Rio de Janeiro: Elsevier, 1997, *passim*.

DUHIGG, Charles. *O poder do hábito*. 32 ed. São Paulo: Objetiva, 2017, *passim*.

DI STÉFANO, Rhandy. *O líder-coach: líderes criando líderes*. 14ª reimpressão. Rio de Janeiro: QualityMark, 2012, p.73 e ss.

Capítulo 2

A consciência de quem você é está no agora

Ana Cristina Xavier de Almeida

"Só existem dois dias na vida em que nada pode ser feito. Um se chama ontem e o outro se chama amanhã, portanto hoje é o dia certo para amar, acreditar, fazer e principalmente viver."

Dalai Lama

Ana Cristina Xavier de Almeida

Coach de inteligência emocional & carreira. Graduação em Psicologia, MBA em Gestão de Pessoas pela FGV, formação em *Professional & Self Coaching* pelo IBC com certificação reconhecida pela European Coaching Association (ECA), Global Coaching Community (GCC), International Association of Coaching and Metaforum International, *Leader Coach* e Behavioral Analyst (IBC); *trainer* em programação neurolinguística pelo INAP (Instituto de Neurolinguística Aplicada); analista comportamental C-VAT. Sólida vivência em gestão de recrutamento e seleção, treinamento e desenvolvimento, administração de pessoal, benefícios e remuneração, comunicação interna e planejamento e organização de eventos em empresas nacionais, multinacionais, consultorias de Recursos Humanos e atuação como palestrante e *coach* de inteligência emocional e carreira.

Contatos
http://anacristinaalmeida.com.br/
contato@anacristinaalmeida.com.br
Facebook: ana.xavierdealmeida1
LinkedIn: Ana Cristina Xavier de Almeida
Instagram: anacristinaalmeidacoach
(21) 99611-0116

Quando estamos conectados com o agora, o momento presente, aprendemos a esvaziar a mente, a parar de pensar e, assim, abrimos espaço para a autoconsciência sem os pensamentos involuntários, o que nos permite pensar criativamente e buscar as soluções de nossos problemas, questionamentos e reflexões. Buscar o agora é um exercício constante e diário, possível, só depende da procura constante pelo universo do autoconhecimento. E você, que está lendo estas linhas, sabe que é capaz, que pode e merece ser feliz e caminhar a cada dia mais um passo em direção ao seu sonho e objetivos! Vamos refletir sobre isso e aprender alguns passos para se conectar com sua essência e virar a chave da sua mente para novas perspectivas! Vamos lá?

No instante em que estamos plenamente presentes no agora, com todos os sentidos aguçados para o momento atual, não temos quaisquer pensamentos sobre quem somos, nós simplesmente somos, existimos conectados à nossa essência e nos permitimos acessar todos os recursos que existem dentro de nós. Isso é fácil? Claro que não! É uma decisão de entrar em movimento e fazer escolhas e mudanças mais ricas ao seu desenvolvimento e alcance de objetivos.

Percebemos o mundo por meio de nossos sentidos: visão, audição, cinestesia (sensações corporais como movimento, peso, textura, calor, provocados por estímulos do próprio organismo). E, a partir do que vemos, ouvimos e sentimos, desenhamos o nosso mapa mental de acordo com a realidade que representamos em nossa mente, com base em nossas experiências, valores, educação, cultura, etc. Ou seja, as pessoas, os acontecimentos, as coisas inanimadas, com tudo o que nos rodeia neste mundo, nós fazemos uma representação em nossa mente. Ainda que esteja na mesma hora, no local de um acontecimento, garanto que a descrição será diferente para cada indivíduo de um grupo de pessoas, bem como as emoções, sentimentos e comportamentos. O importante não é o que acontece com você, mas, sim, o que faz com o que lhe acontece.

Portanto, a origem de qualquer emoção, sensação e sentimento está relacionada ao foco dos pensamentos, tudo começa na mente, e o único com poder sobre ela é você. Onde está o foco dos seus pensamentos é determinante para criar seus sentimentos, emoções e gerar comportamentos.

O nosso pensamento é uma energia, então quais os tipos de energia e de pensamento está emanando? Pensamentos positivos/construtivos ou negativos/limitantes? Sejam quais forem eles, você está expandindo essa energia, tudo que é focado se expande, se pensa que é capaz, está certo, e se imagina que não é capaz também está certo, então, por que não focar em pensamentos construtivos e na solução dos problemas? É assim que agimos proativamente e não apenas reativamente. Quando somos proativos, buscamos soluções aos desafios que se apresentam, e o primeiro passo é sermos autoconscientes dos nossos pensamentos, sentimentos, emoções, aspectos positivos e de melhoria.

A autoconsciência é a característica lógica da consciência e o pilar básico para desenvolver a inteligência emocional. Não há autoconsciência sem consciência, e esse é um passo fundamental na trajetória do autoconhecimento. E para ajudar você a entender onde está o foco dos seus pensamentos, gosto muito de trabalhar com o mapa do momento presente (Mandala do Ser, de Richard Moss), uma representação da consciência, que mostra como nos conectar com o presente, o agora. Eu trabalho muito esse mapa da consciência com os meus *coachees*, pois é por meio da autoconsciência que se descobre quem somos, e os passos necessários por meio dela propõem as mudanças e o plano de ação para atingir seus objetivos e metas.

É no agora que você constrói suas metas com plano de ação para atingir seu objetivo principal; é no presente que pode começar a desenvolver a sua inteligência emocional e ser consciente dos seus pontos fortes, qualidades, competências e oportunidades de melhorias. E, assim, ser mais focado, produtivo, acelerar resultados, celebrar cada conquista, valorizar seus passos e caminhar a cada dia mais próximo do seu alvo. E o agora está à sua disposição o tempo todo para você voltar para ele, então é importante ter consciência da turbulência dos pensamentos que passam pela sua mente o tempo todo e escolher apenas os construtivos e criativos com foco nas suas metas e solução de problemas.

Uma dica boa para iniciar essa investigação sobre seus pensamentos é perceber que tipo de emoção você está sentindo com mais frequência. Acolha a emoção e volte aos seus pensamentos iniciais, será que eles fazem sentido? É comprovado cientificamente que 85% dos nossos medos são ilusões da nossa mente, criados pelas nossas experiências, valores, convicções, cultura e nem sempre correspondem à realidade. Então, ser consciente dos seus pensamentos é o passo inicial nessa trajetória.

Você tem consciência da direção dos seus pensamentos quando se afasta do presente? Compreendê-los é decisivo no caminho do autoconhecimento e tomada de consciência das suas emoções e sentimentos. Quando não estamos conscientes da direção deles, ficamos à deriva, e isso pode nos levar a caminhos tortuosos. Quando sentir emoções que o limitam, pare e reflita: em que estou pensando? Para onde vagueiam meus pensamentos?

Para iniciar a autoconsciência das direções dos seus pensamentos quando se afastam do agora: a primeira direção que está representada na linha vertical da mandala a seguir (figura 1), quando seus pensamentos se afastam do agora, ou eles vão para o passado ou para o futuro. Pare agora e pense, para que direção seguem seus pensamentos com mais frequência? Passado ou futuro? E reflita um pouco sobre isso e o que lhe traz de positivo ou negativo? O que você sente? A segunda direção que está representada pela linha horizontal da mandala (figura 1), quando seus pensamentos se afastam do agora, eles podem se dirigir também para o eu ou os outros.

Reflita agora sobre essa direção, é assim que iniciamos o processo de autoconsciência da direção dos pensamentos e são essas quatro direções que nossos pensamentos seguem. Todos fazemos esse circuito, o importante é sermos conscientes dessas direções e impactos de nossos objetivos e desafios. E ao visualizar a mandala, lembre-se: o agora está no centro do seu ser, à sua espera o tempo todo, para você voltar.

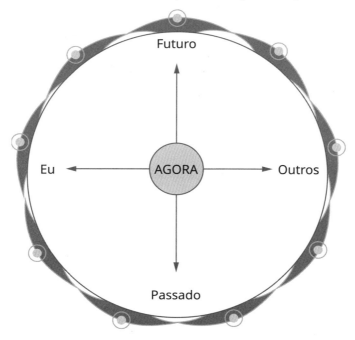

Figura 1

Agora, vamos falar dos sentimentos mais habituais quando a mente está no passado de acordo com a mandala abaixo (figura 2): sentir pesar, saudade, culpa, nostalgia, arrependimento, etc.

E se o foco dos pensamentos está no futuro, os sentimentos mais comuns são os apresentados na imagem a seguir: ansiedade, incerteza, medo, esperança, infinitas possibilidades, entre outros.

No momento em que a nossa mente e os pensamentos vão na direção do Eu, os sentimentos estão ligados à grandiosidade ou autodepreciação.

E quando há comparações com os outros, costumamos julgar, sentir raiva, inveja, etc.

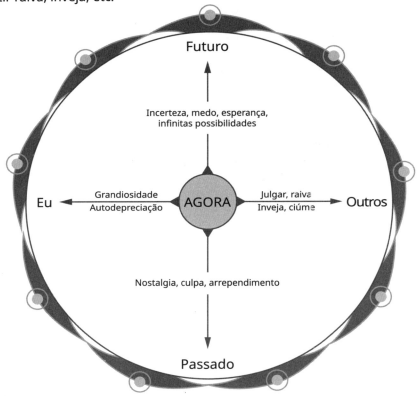

Figura 2

Hoje, busco trabalhar muito a consciência e a importância do agora nos meus atendimentos, pois é no agora que podemos ter uma ação para mudar e construir estratégias a fim de atingir metas e objetivos.

O passado não existe mais e o futuro não existe ainda, tudo que existe é o agora, onde tudo pode ser transformado.

E o poder de estar no agora é perceber e sentir que estamos em paz, sem quaisquer pensamentos sobre quem somos, sem julgar o outro, estamos conectados com o amor, alegria, quietude, gratidão (figura 3), sabedoria, simplesmente somos o nosso Eu com a nossa alma. E à medida que começamos a permanecer mais conscientemente no presente, nossa própria sabedoria mais profunda, espontaneamente, se impõe e nos ligamos a uma inteligência universal, adquirimos mais esclarecimento emocional e podemos ser muito mais profundos e autênticos.

Quando estamos no agora, enxergamos o passado com perdão, perdoamos a nós e os outros, e percebemos que todas as experiências do passado nos trouxeram ao hoje, ao momento presente, ao agora. E no agora enxergamos o futuro com confiança: que eu posso, eu mereço e sou capaz de construir um futuro feliz. Quando estamos centrados no agora, nos enxergamos com humildade, amor próprio, e vemos os outros com empatia, compaixão, amor e construímos relacionamentos verdadeiros.

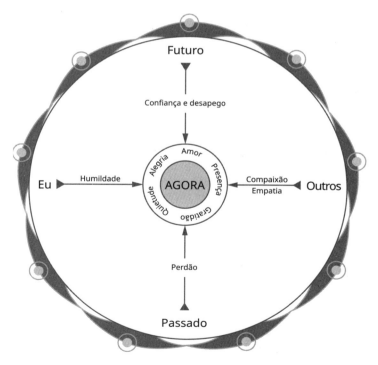

Figura 3

A meditação é uma excelente prática para se conectar com o agora!

A receita para lidar com dezenas de problemas de saúde é fechar os olhos, parar de pensar em si e se concentrar exclusivamente no presente. A ciência está descobrindo que os benefícios da meditação são muitos, e vão além do simples relaxamento. "As grandes religiões orientais sabem disso há 2.500 anos. Mas só recentemente a medicina ocidental começou a se dedicar a entender o impacto que meditar provoca em todo o organismo. E os resultados são impressionantes", afirma Judson A. Brewer, professor de psiquiatria da Universidade Yale.

Meditar é mais repousante do que dormir. Uma pessoa em estado de meditação consome seis vezes menos oxigênio do que quando está dormindo. Mas os efeitos para o cérebro vão mais longe: pessoas que meditam todos os dias há mais de dez anos têm uma diminuição na produção de adrenalina e cortisol, hormônios associados a distúrbios como ansiedade, déficit de atenção, hiperatividade e *stress*. E experimentam um aumento na produção de endorfina, ligada à sensação de felicidade. A mudança na produção de hormônios foi observada por pesquisadores do Davis Center for Mind and Brain da Universidade da Califórnia. Eles analisaram o nível de adrenalina, cortisol e endorfina antes e depois de um grupo de voluntários meditar. E comprovaram que quanto mais profundo o estado de relaxamento, menor a produção de hormônios do *stress*. Portanto, os benefícios da meditação para a saúde física, mental e emocional são comprovados cientificamente e uma excelente receita para você se conectar consigo, com todo o potencial infinito que possui, e trazer a sua consciência sempre ao agora e construir o seu futuro.

E é com a vibração dessa mandala no agora e o poder das emoções – que encontramos no agora (alegria, amor, gratidão, quietude, presença) – que quero que você plante sementes de pensamentos construtivos, acredite em si e em todo o seu potencial! E é no agora, no momento presente, que você pode fazer novas escolhas e mudar o seu destino, que tal começar? Nunca desista dos seus objetivos e sonhos, você pode estar próximo de fazer um grande gol!!!

Sou grata aos aprendizados das aulas de Jairo Mancilha sobre a vibração no momento presente da mandala do ser.

"Alea jacta est." (a sorte está lançada)
Frase dita por Júlio Cesar em momento de decisão em batalha.

Referências

INAP. *Apostila Practitioner INAp*.

MOSS, Richard. *A mandala do ser: descobrindo o poder do agora*. Qualitymark, 2015.

Center for Mind and Brain. US Davis. Disponível em:<https://mindbrain.ucdavis.edu/>. Acesso em: 28 de ago. de 2019.

Capítulo 3

Executive coaching, uma jornada de desenvolvimento contínuo

Ângela W. Lima

Em um mundo dinâmico, competências como adaptabilidade, flexibilidade e velocidade são requeridas; saber se posicionar como *executive coach*, auxiliando profissionais a trilhar um caminho de desenvolvimento, é essencial, uma vez que o trino aprender, desaprender e reaprender é a chave do real valor do capital humano para o sucesso profissional nas grandes empresas.

Ângela W. Lima

Formada na área administrativa em Recursos Humanos. Graduanda em Psicologia, pós-graduada em Gestão de Pessoas e Projetos Sociais pela UNIFEI-MG, com diversas formações em *Life*, *Professional* e *Executive Coaching*. Atua na área de gestão e desenvolvimento de pessoas desde 1986, com mais de 20 anos como *head* e *job hunter*, especializada em desenvolvimento de lideranças, mais de oito mil horas de serviços prestados em orientação de carreira, mentoria e *executive coaching*. É palestrante com inúmeros eventos e cursos proferidos com temas de inovação, empreendedorismo, recolocação profissional, liderança disruptiva, empoderamento feminino, entre outros. Foi professora acadêmica por quatro anos. Idealizadora e organizadora do CONGREVAP – Congresso Valeparaibano de Gestão de Pessoas, com quatro edições concluídas. Membro associada da ABRH Vale, pertenceu ao NJE Ciesp, é conselheira de grupos de estudos. É *influencer* no LinkedIn.

Contatos
www.angelawlima.com.br
influencer@angelawlima.com.br
LinkedIn: Ângela W. Lima e Equipe
Facebook: @HunterAngelaWLima
(12) 99760-6171

Ângela W. Lima

Atuo com orientação, mentoria e *coaching* desde 2001, quando me lancei como *headhunter*.

No início pensava apenas em reformular currículos e indicar profissionais para o mercado – o termo *hunter* ainda não havia sido bem definido no Brasil. Assim eu e o termo fomos nos descobrindo, ano após ano, amadurecendo e adquirindo novos aprendizados; primeiro me tornei uma orientadora de executivos, fiz mentorias e, por último, me escolheram para processos de *coaching* em lideranças.

Hoje, atuando no segmento de *executive coaching*, com mais de oito mil horas de serviços prestados, percebo a fragilidade de algumas empresas em relação a tantas novidades da área de Humanas. Desde 1980, temos uma enxurrada de novas metodologias, aliadas ao crescente e disruptivo mundo da tecnologia, oferecendo inúmeros recursos para o desenvolvimento humano; temos muita informação, mas ainda pouco conhecimento, com o cenário inconstante, e nem todos acompanham na prática este mundo de novas teorias.

Recentemente, a área jurídica de uma multinacional me consultou sobre quais as competências e formação acadêmica necessárias para ser um *coach* de executivos, embora as empresas conheçam os excelentes resultados que um processo de *executive coaching* possa trazer para seus profissionais, muitas ainda não compreendem o que difere um processo de *executive coaching* de um treinamento de desenvolvimento de lideranças ou mesmo de uma terapia.

Em resumo, um processo de desenvolvimento é excelente para desenvolver competências de *grupos,* habilidades que sejam comuns ao universo de cada empresa, as contínuas fusões e aquisições no meio corporativo, a cultura empresarial acaba passando por inúmeras mudanças, e a competência de *aprender, desaprender e reaprender* a todo o momento se faz necessária no portfólio do capital humano empresarial.

Já o processo de *executive coaching* contribui para o desenvolvimento de habilidades sociais/profissionais *"individuais"* do profissional, de forma relativamente rápida, diferenciada e assertiva, direcionando para o negócio onde está inserido, contribuindo, assim, para o sucesso do planejamento estratégico da empresa.

O profissional *coach* que escolhe atuar dentro desse universo organizacional como *executive coach* necessita desenvolver ou já possuir as competências específicas exigidas por esse universo organizacional.

É primordial ter pelo menos uma boa graduação, uma pós-graduação na área de Humanas e experiência comprovada de pelo menos duas mil horas de atendimento em liderança, além de formações contínuas, pois, como disse anteriormente, conceitos e visões mudam a todo o momento, e ser heutagógico é competência fundamental, aliás deve ser uma prática contínua.

Você pode estar agora me questionando! "Afinal, o *coach* não precisa entender do negócio do cliente, *coach* não é um mentor, basta conhecer as técnicas, as ferramentas e conduzir o profissional (*coachee*) para os seus resultados e são os resultados que a empresa deseja dele". Discordo totalmente! Se fosse um processo de *life coaching* até concordaria, afinal *coaching* é técnica, geralmente aplicada em fases e alguns passos!

Em processos de *coaching* organizacional é essencial que o *coach* "entenda de gente", conheça a "comunicação corporativa" e, quando falo de comunicação corporativa, não estou abordando apenas a linguagem usada entre executivos, mas da comunicação aplicada a neurociências, psicologia organizacional. Afinal de contas, organizações possuem complexidade! É necessário entender a linguagem verbal, a não verbal, a organização, os movimentos e as *core competencies* onde estará inserido, as competências comportamentais e técnicas do *coachee*, as competências exigidas pelo cargo que ele ocupa. É necessário, também, compreender a cultura organizacional atual, conhecer seus gestores e *stakeholders*, saber para onde a área em que ele (o *coachee*) está inserido caminha a curto e médio prazos. Ser um *executive coach* é intenso e desafiador, mas extremamente recompensador!

Outro detalhe a ser percebido é que geralmente processos de *executive coaching* implicam em mudanças comportamentais e consequentemente mudanças de hábitos, portanto um processo desses levará, no mínimo, 16 reuniões para começar a dar resultados, contando com o engajamento, flexibilidade para mudanças e alta capacidade de adaptação do profissional assistido. O *coachee* deverá estar ciente de que seus resultados com o processo de *coaching* estarão diretamente ligados a sua *velocidade e flexibilidade* para o novo desafio de carreira.

Espero que, com a minha habilidade sobre este assunto e com a explicação anterior, já tenha compreendido o embasamento desse universo.

Convido você agora a embarcar comigo nesta viagem de descobertas e novos aprendizados, compreendendo as fases do processo de *executive coaching*.

Tudo começa com uma boa negociação, o valor atribuído a um processo de *executive coaching* deve estar diretamente ligado ao "valor" que o profissional, a usufruir do serviço, possua para a organização e os resultados a serem alcançados. Após esclarecimentos, negociações e acordos, seguimos pelas fases do processo.

Fase de levantamento – os desafios das primeiras reuniões

As reuniões com o RH e com os superiores diretos para alinhamento são primordiais para o sucesso da jornada. Compreender o que a área de Recursos Humanos pretende atingir com o processo, saber o que os gestores esperam. Conhecer as competências essenciais da empresa, a cultura da unidade de negócio, o clima da área, os desafios que serão propostos ao *coachee*, quais *hard & soft skills* deverão ser desenvolvidas.

A primeira reunião com o *coachee* é importante para verificação e alinhamento. Aliás é interessante que, antes mesmo de se assinar um contrato com a empresa, haja essa primeira reunião, pois é necessário medir a empatia e a simpatia entre o *coach* e o *coachee*, tendo em vista que passarão por uma média de oito meses de convivência semanal.

Nas próximas reuniões é necessário aplicar alguns testes e avaliações, além de questionários de autoconhecimento, saber fazer perguntas é fundamental. Compreender as competências técnicas e comportamentais, reconhecer os valores e crenças, ter *feeling*, saber tirar o *coachee* do estado atual para conduzi-lo ao estado desejado pela empresa é competência fundamental ao profissional de *executive coaching*.

Importante nessa fase verificar qual o nível de inteligência emocional e social, propor exercícios de desenvolvimento, possuir essas competências aliadas à flexibilidade e velocidade para mudanças ajudará bastante no desenvolvimento do *coachee*.

Levante quais são as forças e limitações dele. Por meio de uma dinâmica com perguntas estratégicas, conseguiremos ter o quadro perfeito de forças e pontos de melhoria relacionados ao estado desejado. Podemos dispor de dinâmicas ou de técnicas de dramatização.

É preciso escolher as ferramentas e técnicas adequadas, de acordo com a personalidade do seu *coachee*, para que não haja ruídos de comunicação. Tenha muita sutileza, pois profissionais nesse patamar focam em resultados, são rápidos, dinâmicos e mexer com seu lado emocional pode ser visto como embaraçoso, portanto aja com calma, exatamente "no tempo" do seu *coachee*, respeitando sua privacidade emocional/profissional.

Estimule as descobertas, no sentido de fazer o levantamento dos valores e propósitos de vida para realinhá-los junto com os valores e planejamento estratégico da empresa.

Fases da identificação e desenvolvimento

Sabendo agora, com mais clareza, qual é o objetivo principal do .*coachee*, alinhado à necessidade da empresa, planejar as metas e estratégias para o resultado desejado.

Já entendemos e compreendemos o estado desejado, sabemos aonde queremos chegar, então é hora de juntos pensarmos nessa longa trajetória. Aqui, vamos usar ferramentas que facilitarão uma visão completa da jornada.

É hora de implementar o plano de ação

Vamos desenhar os passos do seu caminho, desenhar um mapa rumo ao seu objetivo? Este modelo, se bem utilizado, conseguirá traçar um excelente *road map.*

1. Defina um objetivo principal (exemplo: ser um gestor de pessoas);

2. Estabeleça um limite de tempo, por exemplo, em 8 meses, defina a data exata. Qual será o indicador final da conquista?;

3. Defina três objetivos secundários. Exemplo: para chegar à gestão de pessoas, precisará desenvolver comunicação, gestão de conflitos e estabelecer *feedbacks*, estes são objetivos secundários;

4. Faça seu *coachee* responder à pergunta: "Por que atingir este objetivo é importante?". Solicite que feche os olhos e deixe fluir, peça que ele se imagine com o objetivo alcançado e questione: qual o sentimento principal da conquista?. Tenha certeza de que ele conseguiu enxergar o "ganho" desse processo;

5. Subdivida o objetivo secundário em meta: metas *SMART*, por períodos, para ir atingindo desenvolvimento em etapas; as metas devem ser desmembradas em etapas ou tarefas; importante colocar o grau de comprometimento para cada meta/etapa/tarefa.

6. Para cada etapa/tarefa das metas quais serão os desafios? Especifique, assim podemos lidar com os obstáculos de forma objetiva, clara e racional (aqui entram as técnicas de reprogramação de crenças). Anote os sabotadores que serão eliminados. Identifique pensamentos e comportamentos junto com seu *coachee* e o ajude a substituí-los;

7. Para cada meta, quais recursos financeiros, emocionais, relações (capital relacional), infraestrutura (capital estrutural) e competências (capital humano) o seu *coachee* precisará adquirir ou desenvolver?;

8. O que seu *coachee* poderá perder se conseguir atingir essa meta? No caso de escolhas, o que poderá fazer para minimizar?;

9. Para cada etapa/tarefa cumprida, qual o fator crítico de sucesso? Quais serão os indicadores de sucesso?;

10. Para cada meta atingida (não confunda com etapa, são metas mesmo!!!), faça um *checklist* junto com seu *coachee* para verificar se realmente atingiu o passo desejado rumo ao objetivo principal. No *checklist,* estabeleça perguntas que você possa fazer aos seus pares ou subordinados para que evidenciem que atingiram essa meta.

Cuidado: o nosso cérebro, muitas vezes, tenta nos enganar a fim de satisfazer o ego, por isso a opinião de quem o cerca é importante.

Nas reuniões intermediárias com o RH, você pode fazer esse *checklist.*

Qual será o prêmio de sucesso para cada meta atingida? Será uma longa jornada, por isso é bom contar com estímulos internos que movam o seu *coachee* ao sucesso; estabelecer pequenos prêmios fortalecerá o emocional para continuar rumo ao objetivo.

Definida as metas e, desmembrando o mapa, agora é só acompanhar o *coachee*, reunião após reunião, rumo ao objetivo.

Fase dos resultados

É uma fase de mentoria, nem todo caminho é reto, há muitas curvas, desgastes, é hora de conversarmos, de fazer as perguntas-chave e técnicas de *feedforward* e reforço positivo que ajudarão a sustentar o *coachee*.

Após concluir todas as etapas, chegando ao objetivo final, qual o nível de realização do *coachee*?

Os indicadores foram confirmados? Chegamos mesmo ao final da jornada? Há algo ou algum acontecimento que colocará o objetivo à prova?

Última fase: fim da jornada

Será a última reunião com a apresentação dos resultados, com os gestores e Recursos Humanos, os *stakeholder*s e o *coachee*, importante possuir todos os relatórios de reuniões com o *coachee* em mãos para finalizar e mensurar os resultados. Faça observações do que poderia ser simplificado, complicado ou ajustado, tenha um excelente material em mãos.

É interessante definir um *partner* que possa acompanhar as novas fases da trajetória profissional do *coachee* e estimulá-lo a seguir nesse caminho de mudanças constantes.

Tão importante quanto o início da jornada é a sua conclusão, por isso, feche com muito profissionalismo, precisamos demonstrar o valor do nosso ofício!

Como pudemos sentir e verificar, a jornada é única e deve ser desenvolvida por profissionais realmente qualificados para administrá-la.

Conduzir um processo de *executive coaching* é complexo, durante o caminho há inúmeros desafios, o *coachee* precisa se sentir amparado, deve confiar no seu *executive coach*. Profissionalismo, sigilo, valores e ética precisam estar bem estabelecidos para que tudo flua ao objetivo final da empresa solicitante. Aqui não há margem para aventureiros, erros podem resultar em multas vultosas.

A hora da virada é agora! *Executive coaching* dificilmente se aprende nos cursos oferecidos pelo mercado, poderia listar apenas três escolas que realmente formam no Brasil, portanto trilhe seu caminho. Lembre-se: o caminho é mais importante e prazeroso do que a chegada! Desenvolva-se, faça *autocoaching*, tenha um mentor, pois as oportunidades surgem quando nos preparamos para elas. Se você realmente deseja ser um profissional do segmento, faça acontecer!

Desejo que você seja um excelente *executive coach*!

Indicação de leitura

Quando o assunto é *executive coaching*, recomendo três autores a quem busca ainda mais conhecimento:

- Sulivan França;
- Rosa Krausz;
- Caroline Calaça.

Capítulo 4

Conhecimentos das neurociências e do coaching para transformar a sua vida

Antonio Altmeyer, PhD

A vida é breve, e acredito que todas as pessoas possuem o potencial para a felicidade. E a merecem. Mas se não adotarmos as estratégias corretas para isso, apenas um pequeno percentual da humanidade irá conhecer o verdadeiro sentido da palavra felicidade. Utilizando antigos conhecimentos, como os dos povos orientais, e descobertas das neurociências, temos todo o instrumental necessário para esta tarefa.

Antonio Altmeyer, PhD

Doutor em Neurociências e Comportamento. Policial civil no Estado do Rio Grande do Sul, especialista em acupuntura e medicina tradicional chinesa. Pós-graduado. Formação em *Coaching*, Psicopedagogia e Neuropsicologia, *Professional & Self Coach* (PSC) *e Life Coach*. Palestrante *coach*, analista comportamental, líder *coach*, mestre em várias artes marciais, instrutor de *yoga* e meditação. Diretor regional da ABRAPCOACHING (Associação Brasileira de Profissionais de *Coaching*), membro da SBNEC – Sociedade Brasileira de Neurociências e Comportamento, diretor estadual da AFSO (World All Fight System Organization), formando em *mindfulness* pela UNIFESP (Universidade Federal de São Paulo). Participou de diversos cursos na SWAT norte-americana e no BOPE do Rio de Janeiro, palestrante e neurocientista, sempre estudando o comportamento humano, para o desenvolvimento pleno do ser.

Contatos
antonioaltmeyer@yahoo.com.br
Facebook: antonioaltmeyer
(55) 98441-8080

Vivemos dias confusos. As pessoas não sabem o que querem neste mundo. A felicidade é um assunto antigo e atual. Obter sucesso nos dias atuais não teria o menor sentido se não viesse acompanhado da frase: "Eu sou feliz". Se buscarmos literatura com este título, vamos achar muita coisa. Antigos sábios, como Sidarta Gautama, o Buda, já diziam que o ser humano vive em busca do prazer, daquilo que pode lhe trazer a felicidade, e evita a dor. Esses dois fatos seriam os fatos comuns e gerais para toda a humanidade.

Você, por exemplo, que está lendo este texto. Pense na sua vida. Provavelmente, em última instância, você queira ser feliz. E não há nada de errado nisso. Sua felicidade permite buscar também a das demais pessoas que convivem com você. Será muito difícil fazer alguém feliz se você for infeliz. Ninguém consegue dar o que não tem.

Se sabemos que o ser humano busca o prazer, e foge da dor, já temos elementos importantes para entender porque o mundo está do jeito que está, e qual o caminho que devemos trilhar para mudar alguma coisa. Tive a oportunidade de estudar e praticar muito, por meio da meditação, das artes marciais, do estudo formal, e de inúmeras experiências na minha vida, foi possível tirar algumas conclusões.

Uma delas é que não existe algo como a receita de um bolo, que permita ensinar o caminho da felicidade. E simplesmente não há, porque, apesar da similaridade entre as pessoas, elas convivem em ambientes diferentes, cada uma tem a sua história, e a felicidade deve ser construída a partir da própria trajetória.

Outra conclusão: é possível ser feliz. A felicidade não é um estado para poucos iluminados, mas, sim, algo natural, que deveria ser a regra a todas as pessoas. Você, agora lendo este texto, tem em suas mãos a possibilidade de uma vida absolutamente feliz, independentemente do momento em que vive e dos problemas que vem enfrentando.

Para isso, precisa apenas seguir alguns pontos essenciais, estes que irão nortear a sua vida em busca da felicidade. Não algo que lhe dê um momento feliz. Mas, sim, que permita a você ter como essência a felicidade. Para que possa olhar todos os momentos da sua vida e ver neles a felicidade. E para você perguntar a si próprio ou a qualquer outra pessoa se é feliz, possa responder: "Sem dúvida, sou!".

O primeiro passo é saber onde você está hoje. Não tem como traçar um rumo, como planejar aonde queremos chegar, se não temos nem ideia de onde estamos hoje. Então, esta é a primeira pergunta: onde você está hoje? A segunda: quem é você? Por favor, responda a essas perguntas com detalhes, num caderno, na sua agenda, ou, então, numa folha de ofício. Mas faça isso. Por melhor intencionado que seja, se não agir, sua vida não mudará nunca. Todo planejamento do mundo sem ação não serve para nada. E esta é a sua primeira ação: defina onde está.

Demore o tempo necessário para definir quem você é e onde está. Caso tenha alguma repulsa para escrever a respeito de si, não se preocupe. Muitas pessoas têm dificuldades para isso. Mas sei que escreverá muito, e bem, afinal de contas, ninguém neste mundo o conhece melhor do que você mesmo.

Agora, defina para onde quer ir. Defina o que o faria feliz de verdade. Temos uma tarefa difícil aqui, porque nós precisamos descobrir quais os seus sonhos, e não o que as pessoas disseram para você sonhar. Muitas (a maioria) vivem os sonhos dos outros. Vivem de acordo com o que disseram que seria bom para elas. Seus pais, professores, amigos, parentes opinaram na sua vida, na maioria das vezes até com boa intenção. Mas não há como definirem o que é bom para você. Eles jamais saberão o que o fará feliz de fato, a menos que diga. E se já está em condições de dizer, então definitivamente não precisa do conselho deles.

Mais uma vez, não tenha pressa. Defina para onde quer ir com muita calma. Isso deve partir do seu íntimo. E aqui pode surgir um dilema. Talvez já tenha avançado muito na vida, tenha uma família excelente, um carro ótimo, um cargo invejável. Enfim, tudo o que uma pessoa poderia querer. Mas... não é feliz. Não consegue entender por que motivo não é feliz. Nesse caso, é a hora de abandonar o que acha que sabia sobre si, e buscar de verdade quem é você, e o que o fará feliz. E não interessa o quão difícil isso possa parecer. O fato é: muitas pessoas estão em empregos que não lhes satisfazem. E trabalham oito horas por dia (um terço do dia) nesse emprego que odeiam. Muitas vezes, mais de oito horas diárias. A vida é muito curta, passamos tempo demais no trabalho para fazer algo de que não gostamos.

Se estamos realmente em busca da felicidade, é fundamental encontrar um trabalho que nos faça feliz. Claro que é possível. Todos nós temos atividades que adoraríamos fazer. E se lutarmos para que alguma seja o nosso trabalho, com a paixão que temos por isso, seremos muito bem-sucedidos, sem dúvida.

De posse dessas duas informações: onde estamos, e para onde queremos ir, é o momento de traçar o caminho entre os dois pontos.

O que deveremos fazer para chegar aonde queremos? Às vezes, o caminho é curto. Outras vezes temos um longo caminho, com muitas paradas no percurso. Não há problemas nisso. Afinal, nada é mais importante do que a nossa felicidade. Mas há uma questão essencial aqui: não pense que será feliz apenas ao final do processo. Por várias razões. A primeira: não temos como saber se chegaremos ao final do processo. A segunda é que poderá demorar demais. Já a terceira é que, caso estejamos enganados, ao chegar ao final, constataremos que não é isso que nos fará feliz, então teremos desperdiçado boa parte da nossa vida. Então, o que fazer?

Ter consciência do maior de todos os segredos: aproveitar o percurso. Não esperar o fim, mas, sim, aproveitar o caminho. Em tudo o que fizermos a partir de agora. Mas como assim? Simplesmente aproveitando o caminho. Olhando para tudo, daqui para a frente, de uma forma diferente. Percebendo que tudo o que está diante de nossos olhos pode nos ensinar alguma coisa. Não há absolutamente nada que não seja importante para nós. É apenas uma questão de ponto de vista. E, claro, algumas coisas podem nos ajudar a ver o mundo de outro modo. A mais importante delas é a meditação. E não precisamos sentar durante horas imóveis para praticar e ter seus benefícios. Há modalidades modernas, relativamente rápidas, e que podem nos dar os mesmos benefícios, hoje comprovados pela ciência, que advêm das práticas antigas de meditação, como o *Mindfulness*. Há muito material sobre isso. Compre um livro, faça um curso de oito semanas com um profissional qualificado, ou simplesmente pesquise no Google e pratique.

A vida está à nossa disposição. Não precisamos complicar as coisas. Quando falamos em buscar a felicidade, devemos de ter a clareza de que a felicidade está acessível a todos nós, sem exceção. Claro que o primeiro ponto é não estarmos passando fome, termos o que vestir e onde morar. Com essas questões básicas atendidas, é possível buscar a felicidade. E alcançá-la não é uma questão de dinheiro. Ele por si só não traz nem felicidade, nem infelicidade. Poderíamos citar vários exemplos de pessoas ricas infelizes e felizes, assim como de pobres felizes e infelizes. A questão não é o dinheiro, mas a maneira como encara a sua vida.

Vamos desenvolver uma forma básica para aplicar a meditação no nosso dia a dia. Primeiro, ela precisa ser um hábito. Caso contrário, vai praticá-la poucas vezes, e isso não irá servir para você. O segredo da meditação é a frequência. Pode ser pouco tempo, mas todo dia. Ou, na pior das hipóteses, quase todo dia. Para transformar a prática da meditação num hábito, procure estabelecer um horário. Pode ser de manhã cedo, ao acordar, ou então à noite, antes de ir dormir. Ou, ainda, antes ou depois do almoço. O importante é ter uma rotina, pois se não tiver um horário fixo, será muito difícil conseguir transformar a meditação em hábito. O segundo ponto é escolher um local. Não que a meditação precise de um local específico. Não precisa. Mas facilitará se tiver um local próprio para a sua prática. Após resolver esses dois pontos, simplesmente sente ou deite (como se sentir melhor) num local sossegado, e observe os seus pensamentos. Seja apenas um observador. Não julgue, não se preocupe. Apenas observe os seus pensamentos. Essa é uma técnica básica de meditação. Você pode fazer isso pelo tempo que achar adequado. Pode começar com dois ou três minutos. Depois, é importante que amplie para 5, 10, 15 ou 20 minutos. Com essa prática tão simples, estará meditando e, com certeza, terá os benefícios que a meditação proporciona.

Não se preocupe com nada. Lembre-se de que a meditação é, na verdade, um estado natural do ser humano. Não se trata de um conhecimento extraordinário, mas, sim, de algo inerente e essencial a nós. Por isso, possui tantos efeitos positivos a partir da sua prática. Você não precisa de um mestre para praticar, deve apenas prestar atenção em si. Estar atento aos seus pensamentos, mas sem se deter neles.

Outra forma de meditar é entrar em estado de atenção plena em qualquer coisa que esteja fazendo. Por exemplo: se escovar os dentes plenamente atento ao que está fazendo, estará praticando a meditação. E isso se aplica a qualquer coisa: dirigir, tomar banho, almoçar, no seu trabalho, enfim, em qualquer coisa que resolva fazer. E o interessante é que, à medida que você faz algo com atenção plena, esse estado vai se tornando natural, e vai praticando a meditação no seu dia a dia. Isso, por si só, gera uma profunda transformação no seu ser.

A vida passa muito rápido. Enquanto você está lendo estas palavras, diminui o tempo em que estará vivo. Claro que não há razões para sair apavorado daqui. Possivelmente, você tem um tempo razoável ainda para fazer o que quer nesta vida. Ou não. A verdade é que não temos como saber. A única opção que temos é viver plenamente nossas vidas. Com total intensidade. Se fizermos isso, a paz passa a fazer parte de nós. Sentimos que estamos na melhor forma possível e, com isso, preparados para tudo. Não iremos fugir das dificuldades. O mundo nos apresenta muitas adversidades, e sabemos que estamos preparados para vencer qualquer situação que se apresente a nós, ou para aprender com cada situação. De qualquer forma, sairemos ganhando. Precisamos lembrar disso em todos os momentos da nossa vida: tudo é uma questão de ponto de vista. A forma como encaramos as mais diversas situações do nosso dia a dia poderá e irá transformar a nossa vida.

Acredite em você. Mas acredite de verdade. Não deixe que nada que tenha sido dito por qualquer pessoa no seu passado ou no seu presente tenha qualquer poder sobre si. Eu sei que você é um ser humano com total potencial. E isso não é papo de autoajuda. Essa convicção vem do que as neurociências nos mostram de uma forma muito clara e direta. A prática do *coaching* também nos evidencia o incrível potencial de pessoas como você que, pelo simples fato de estar lendo este livro, deixa claro que busca a sua transformação, o seu progresso. Não é justo nem correto que fique estagnado, ou preso a falsas crenças. E o que não falta, para todos nós, são falsas crenças, que tentam nos prender, nos deixar estagnados. Mas o fato é que podemos ir muito além de onde estamos hoje. Basta traçarmos o caminho correto.

Mas um livro pode mudar a vida de alguém? Sei de pessoas que leram centenas de obras, e nada mudou em suas vidas. E outras que leram alguns títulos e tiveram suas vidas transformadas. Na verdade, não interessa quantos livros você leu. Um simples parágrafo de um livro pode mudar a sua vida. O que interessa é que enquanto lê este parágrafo entenda que depende de você. Não dos outros, mas, sim, de si mesmo. E tome a decisão. A partir desse momento, sua vida estará transformada, com todas as potencialidades possíveis. Aí, mais uma vez, dependerá de você, e somente de você, continuar com essa vida extraordinária que começa a construir.

Muitos anos atrás, tive a convicção de que estou neste mundo para ajudar os outros. Minha missão é impactar as pessoas com as quais eu conseguir me relacionar. Por esse motivo, estou à sua disposição. Será um prazer poder ajudá-lo. Meu *e-mail*, meu *WhatsApp* e meu telefone estão à sua disposição. Caso queira fazer contato para relatar o que este livro pode contribuir na sua transformação pessoal, ou então como posso ajudar na sua transformação, não tenha dúvida de que estou aqui para ajudar. Na verdade, estamos aqui para nos ajudar mutuamente. Eu o ensino e, assim, aprendo com você.

Capítulo 5

O extraordinário poder da mente

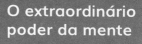

Carol Zacarias

Este capítulo traz o que há de mais moderno em termos de evolução pessoal. Por meio de uma amostragem da teoria da PNL (Programação Neurolinguística), será possível compreender a maneira fantástica como nossa mente funciona. A maior busca da humanidade tem sido viver a plenitude. A PNL mostra como isso funciona na mente e que é possível transformar qualquer sentimento, pensamento e comportamento.

Carol Zacarias

Idealizadora do Instituto Metáfora – Instituto de Desenvolvimento Humano. Treinadora de objetivos individuais, casais, de grupos e equipes. Desenvolvimento de inteligência emocional para crianças, adolescentes, adultos, casais e grupos. Com formação em Psicologia; PNL pelo INPNL - Instituto Internacional de Programação Neurolinguística em Lisboa, Portugal. *Master coach* e PNL, certificada pelo Metaforum International. Neurossemântica de *Coaching* de Grupos e Equipes, pelo dr. Michael Hall. Clínica do Adolescente, pela UNICAMP. Constelação Familiar, pela Hellinger Schule. *Coach* de emagrecimento, pela Ápice Desenvolvimento Humano. Escritora do livro infantil *Conversando com o corpo*, Editora Autografia, Rio de Janeiro, 2019.

Contatos
www.carolzacarias.com
www.institutometafora.com.br
contato@imetafora.com.br
Facebook: Instituto Metáfora
Instagram: imetafora
(19) 3834-1997
(19) 98441-0004

Quem alguma vez já ouviu falar sobre o poder da mente? Antes de mais nada, a mente é um lugar completamente imaginário e abstrato, não há um espaço físico predeterminado para a mente. O que se sabe é que a mente (estrutura emocional) se comunica com nosso corpo físico. Por esse motivo, ao vivenciar experiências emocionais intensas o corpo mental tem o poder de enviar sinais físicos, como por exemplo dores de cabeça, dores de estômago ou nas costas, a fim de buscar desenvolvimento e evolução plena. Mais importante ainda é saber de que maneira o poder atua na mente. O poder nada mais é do que a possibilidade que a mente tem de controlar comportamentos e, logo, os resultados desse comportamento também. A mente influencia todo o comportamento em todo o tempo, criando mecanismos estratégicos para as ações. De que forma? A mente possui estratégias internas em forma de pensamento e diálogo interno que produzem um resultado específico. Por esse motivo, quanto mais a mente estiver limitada a estratégias, mais poderá contribuir com resultados indesejados, e quanto mais ilimitada estiver a mente, ou seja, cheia de possibilidades, mais produzirá resultados desejáveis e positivos. Exemplo: se tem um compromisso em um local que não houve uma experiência positiva anteriormente, a chance da mente resgatar aquele aprendizado anterior negativo é alta. Todo registro de experiência tem a possibilidade de se transformar em significados. Esses registros costumam atuar em situações futuras, isso porque, de maneira fantástica, a mente armazena e associa pensamentos, sentimentos e comportamentos a todas as situações.

Para a PNL (Programação Neurolinguística), a explicação para aquelas pessoas que nascem no mesmo ambiente e que têm a mesma educação e são diferentes, tanto em sua maneira de ser como nas consequências que vivenciam, é que a própria mente gera estratégias para que os comportamentos venham em seguida. Um exemplo: com frequência as pessoas associam à genética situações como sobrepeso, depressão ou medo. Tudo isso não necessariamente poderia ser genético, mas por estratégia da própria mente – de selecionar como se fosse genético – pode passar a emitir comportamentos de acordo com essa crença, isto é, a mente utiliza estratégias limitantes para emitir comportamentos. Esses sintomas podem não ser genéticos, mas o fato de acreditar que é genético pode fazer com que a pessoa se conforme (utilizando essa capacidade) e não procure (utilizando o comportamento de ficar parado) recurso algum que a ajude a mudar a situação.

Na PNL, a mente é fantástica, cheia de habilidades e estratégias, e tudo o que se aprende é altamente programável, porque quando alguém no mundo nasce da mesma forma que você e vive significados diferentes diante da mesma situação, é possível que você também possa viver esses significados.

Recurso ultramoderno de transformação de significados

Cada vez mais os estudos de desenvolvimento humano vão a fundo nas estruturas mentais dos seres humanos. Tudo isso pela razão da própria expectativa de mudança que cada ser humano tem atualmente. Se olharmos para a história de nossos antepassados, veremos quantas mudanças já ocorreram entre as épocas dos bisavós para os nossos avós, dos nossos avós para nossos pais e de nossos pais para nós.

Exemplo: consegue recordar como eram formados os relacionamentos pessoais? Talvez, na época dos seus avós, os relacionamentos afetivos se davam de maneira que eles não tinham a possibilidade de escolher com quem se casariam e formariam família, isso porque acredita-se que já aos 12 anos uma mulher poderia casar, e ela já deveria ter várias habilidades (ou os chamados dotes). No entanto, quando o assunto era escolha, apenas seus pais eram capazes de fazê-la e, por isso, elegiam o seu marido que, segundo o pensamento deles, seria a melhor escolha porque foram eles que fizeram, e o resultado nem sempre acabava numa história feliz. Mas naquela época não fazia sentido uma pessoa escolher o seu cônjuge, correto? Com base em resultados de alguns casos, em relações conflituosas de infelicidade, infidelidade, agressões verbais, morais, entre outros, a sociedade passou a se abrir para o novo. O novo era considerar a possibilidade de se realizar na cultura uma outra estrutura de relacionamento.

Em todas as áreas da vida humana: na espiritual, saúde, lazer, família, relacionamentos de amizade ou romance, financeira, intelectual e emocional, o mais importante de tudo são as escolhas. Para a PNL, o que mais gera saúde plena no ser humano é a possibilidade que ele tem de escolher, e quanto mais ele as tiver, mais vontade de viver ele terá também, e se alimentará de sentimentos positivos. Muito embora já existam estudos que mostrem que o nosso cérebro possui uma maior tendência a enfatizar situações negativas, a proposta da ciência da excelência humana, que é a PNL, é de possibilitar que o ser humano se transforme em criador da sua própria história. Para isso, a PNL indica que o ser humano olhe para o seu futuro. Quanto maior o seu sonho, também serão suas conquistas e vitórias.

Buscando solução para questões atuais

Seja qual for a área da vida, algumas pessoas estão mais preocupadas em buscar solução e alívio para as dores emocionais. O que mais pode possibilitar o indivíduo a achar a solução é compreender o que norteia a mente, como é controlada e, sobretudo, como reagir aos controles existentes nela. Esses controles são conhecidos como programas e eles podem conter crenças limitadoras, fracassos ou até mesmo a aplicação do próprio modelo de mundo que a pessoa tem dentro dela.

Crenças

As crenças são aqueles pensamentos que se realizam de maneira concreta e que se transformam em limitadoras quando não ajudam a pessoa a conquistar o seu objetivo e a limitam a agir de outra maneira frente à situação. Por exemplo, no consultório chegou um caso de uma moça de 23 anos, que aqui chamarei de Rosa. No auge da sua juventude, com toda a sua biologia e seus hormônios trabalhando a favor de um relacionamento afetivo. Essa moça vê todas as suas colegas conquistarem um namorado, menos ela. Até as que ela não imaginava que pudessem namorar estavam engajadas em algum romance, e apenas ela ainda não. Ela não entende o motivo que a inibe de encontrar um parceiro e, ao tomar consciência por meio de diálogos e metodologias da PNL, identificou-se em um nível profundo que eram suas crenças que atuavam de maneira a modificar o seu comportamento. Para ela, "homem era tudo igual" (crença), inclusive igual ao seu tio (que havia se separado da sua tia), igual ao seu pai (que havia traído sua mãe), igual aos personagens de novela que também traem suas esposas e namoradas. Isso era apenas uma crença. A crença é a ideia de uma situação e que se confirma quando selecionamos situações na vida real que dão sustentação a ela.

A mente é muito poderosa e, em muitos momentos, age com estratégias de acordo com as crenças que temos, ou seja, por um mecanismo de aprendizado quando vemos realmente algo que pensávamos ser verdade e acontecer de fato, a mente capta como um sinal de verdade, e essa verdade se transforma em verdade absoluta, sem questionamentos, e assim passamos a agir e ter comportamentos de acordo com aquilo que acreditamos também.

A crença pode ser ilimitada ou limitadora. A ilimitada é quando a crença que se possui possibilita a pessoa a alcançar seu objetivo. A crença limitadora é quando se estabelece uma barreira que censura o alcance do objetivo, pois como a própria palavra diz, a crença limita, ela determina e separa o que devo ou não fazer de acordo com o que acredito. No caso da Rosa, a crença de que homem era tudo igual foi limitadora porque censurou o objetivo que ela possuía de ter um relacionamento e viver um romance. Como sua mente acreditava nisso, tudo o que ela selecionava eram apenas situações que realmente mostravam a ela que homem era tudo igual de maneira negativa, diminuindo as chances de gerar outras possibilidades, e logo o seu comportamento também era limitador, porque se ela acreditava nisso, sua poderosa mente iria protegê-la de viver um relacionamento com os homens e, assim, os seus comportamentos inconscientemente a afastavam dos homens. De que forma? Para não sofrer traições, ela evitava toda forma de se aproximar de alguém de maneira intensa e, assim, não vivia nenhuma oportunidade de se relacionar. E é claro que para um homem é importante também que a pessoa se comporte de maneira receptiva aos seus cortejos e investidas, o fato de não obter essa resposta fazia com que os homens não se aproximassem dela, e assim diminuíam as chances de Rosa se relacionar, de amar e também de ser amada porque sua crença a limitava.

O corpo mental, que é a estrutura emocional do ser humano, tende a viver nas situações de buscar prazer e se afastar da dor. Em todas as ações, o ser humano está vivendo nessas condições. Em muitos casos, ao marcar um processo terapêutico o corpo acaba resistindo a essa mudança e usa estratégias de pensamento para fazer com que a pessoa não vá às sessões ou não prossiga na busca por um terapeuta. A nossa mente chega a produzir diálogos internos que dão suporte a essa resistência mental. Muitos acabam banalizando seus próprios objetivos, dizendo a si mesmos que não precisam de terapia, e que têm de ser fortes sozinhos, sem ajuda. Tem sido um desafio profissional trabalhar esse modo interno do funcionamento mental.

A busca pelo prazer, que também é uma estratégia do corpo mental, atualmente tem sido mais aplicada às coisas mais imediatas, impedindo que as pessoas queiram se transformar de maneira mais plena. O imediatismo tem feito com que muitas pessoas desistam de seus sonhos e passem a viver do momento, assim buscando prazer na comida, na bebida, nas drogas, no sexo, em viagens ou em aparência social.

O que isso quer dizer? Muitas pessoas têm buscado em coisas e objetos viver o prazer, e isso não é totalmente errado, no entanto, a referência aqui é que essa forma de prazer imediato tem levado algumas a se sentirem sem sentido de vida e sem expectativa da sua missão no mundo, do seu autoconhecimento e satisfação plena, porque a tendência do consumo repetitivo de elementos que proporcionam prazer é se manter na dependência e compulsão. Então, ao mesmo tempo em que há um prazer, também existe a dor, porque tudo depende de um outro alguém e nunca está dentro do próprio controle emocional.

A dependência e compulsão pela comida, muito embora possam "por um momento" proporcionar o prazer de comer e sentir o paladar daquela comida, posteriormente podem trazer consequências indesejadas para a mesma pessoa, que é o sobrepeso, o comprometimento da sua saúde e, ainda, afetar seus relacionamentos pessoais. Para evitar críticas de pessoas queridas, alguns que comem de maneira compulsiva podem deixar de conviver com esses indivíduos, não ter relacionamentos amorosos ou até mesmo frequentar lugares que gostariam de frequentar, dessa maneira gerando um sofrimento emocional posterior à busca do prazer.

A dependência e a compulsão por álcool e drogas podem também gerar um prazer imediato: ao consumir essas substâncias, a pessoa pode esquecer seus conflitos, suas demandas de trabalho, suas preocupações financeiras e geralmente ganha o único momento do dia em que possa sorrir, gargalhar sem medo, mas após esse prazer acontecer, vêm as consequências, pois pode sofrer uma ressaca moral, esquecer que disse algo indevido a alguém querido e ter seu relacionamento afetado. Ou até mesmo prejudicar a própria saúde biológica, ao não conseguir, por exemplo, largar a bebida que lhe causa algum tipo de doença.

A dependência da aprovação social, por meio das postagens em redes sociais, pode gerar um prazer instantâneo, quando a pessoa posta momentos da sua vida e recebe curtidas, no entanto, é capaz de criar, também, muita dor emocional e pensamentos prejudiciais quando começa a se comparar com os demais nessas redes. Também ao ver que suas curtidas não foram de acordo com suas expectativas, ao receber um *feedback* desagradável da sua postagem, quando não se permite viver o momento atual com as pessoas presentes no ambiente físico e passa a valorizar apenas o virtual, podendo resultar em uma solidão de pessoas verdadeiramente presentes em sua vida.

De maneira geral, essas situações ilustradas têm demonstrado que mesmo a busca do prazer que a mente emocional sugere traz algumas consequências de dependência e dor, isso tudo porque há um programa aprendido funcionando o tempo todo. Há um padrão para cada pessoa que, muitas vezes, mesmo com uma intencionalidade positiva, pode gerar sentimentos e pensamentos prejudiciais ao seu bem-estar psíquico. A melhor notícia é que, para a PNL, há uma estratégia mental para que esses comportamentos aconteçam e, por isso, se há um padrão para acontecer dessa forma, também existe uma solução que possibilite a transformação desse modelo!

Capítulo 6

Como se preparar financeiramente para a sua jornada

Debora Rosa

A importância de se conhecer financeiramente. Os benefícios que a liberdade de escolhas lhe proporciona. Se perceber como "agente transformador" de suas mudanças. Como você quer viver? Quais trocas você está disposto a fazer?

Debora Rosa

Coach e consultora financeira desde 2018, trabalhou por 30 anos nas áreas financeiras e de recursos humanos (RH), atuando nos últimos 24 anos como diretora financeira e de RH nas agências de comunicação Africa e DM9, pertencentes ao Grupo Omnicom, certificada pelo ICF – *Integrated Coaching Institute*, por intermédio do ICI – *Integrated Coaching Institute* e pelo ICF – Instituto *Coaching* Financeiro.

Contatos
deborarosa.carraturi@gmail.com
(11) 97620-9376

Contarei um pouco de minha trajetória para que possam entender como vivo hoje, um momento tão especial na minha carreira e na minha vida. No meu último emprego, em 2002, fui convidada a participar de um projeto encantador e muito desafiador, que foi a construção da Agência Africa, uma das maiores e mais premiadas agências de publicidade. Aproveitei todas as oportunidades e em troca vivi meu maior desenvolvimento profissional e pessoal: respeitar, entender e aprender com a diversidade do ser humano, suas diferenças e suas escolhas.

Foi com muita surpresa que recebi o convite para participar deste livro e falar sobre *coaching*. Mais inesperado foi quando soube o título do livro, *Coaching: a hora da virada*.

Como passei por esse processo de mudança, vou dividir com vocês minha história.

Para mim, o *coaching* foi inspirador e revolucionário, e começo contando como entrei neste mundo e como se deu este 180° na minha vida.

Minha carreira foi pautada pelo mundo corporativo. Muito difícil pensar em recomeçar e empreender em uma nova trajetória, principalmente quando se é muito grato e feliz com tudo o que se viveu e aprendeu, e quando se sente que as pessoas que impulsionaram sua carreira e o ajudaram em sua formação também têm um impacto nessa decisão.

Porém, depois de tantos anos trabalhando com grande intensidade e dedicação, experimentei um sentimento e uma inquietude que se transformaram em um incômodo que começou a me sufocar. Uma angústia, misturada com medo, falta de equilíbrio, de clareza, de direcionamento. Essa mistura de sentimentos aliados a muitos e confusos pensamentos estavam me afetando física e mentalmente.

Foi nesse momento que o *coaching* entrou na minha vida. Tive a oportunidade de passar por esse processo de transformação e, por meio dele, as coisas começaram a fazer sentido.

Tinha dúvidas, mas afinal, o que significava fazer *coaching*? De forma simples, entendi que era um processo de desenvolvimento comportamental, aplicável em qualquer área da vida, cujo propósito final seria alcançar objetivos e metas, suportado por metodologias e ferramentas, de acordo com a necessidade individual.

Entrei nesse mundo um pouco incrédula e desconfiada, mas a primeira coisa que me aconteceu foi começar a prestar mais atenção em mim. Olhar de frente para este meu incômodo, mesmo com muito medo do que eu encontraria.

No início, pensava tanto que nem estava atenta às mudanças que já estavam rapidamente acontecendo.

Consegui me fortalecer e encarar o que eu estava sentindo e o que eu havia descoberto sobre mim.

Refleti, revi crenças que carreguei por muito anos como imutáveis e tive coragem de me enxergar. Estava pronta para mudar o que não me fazia mais bem, e buscar algo que me preenchesse e me fizesse mais feliz.

Fazer parte de um processo como *coachee* foi o estopim necessário para me despertar e encorajar. Foi transformador! Encantei-me. Comecei a estudar, participei de cursos e, enfim, encontrei respostas para descobrir o porquê de minha angústia.

Agora meu propósito de vida estava claro. Era hora de fazer mais e de forma diferente, atuando e melhorando diretamente a vida das pessoas.

Fiquei tão empolgada que queria começar de imediato, mas ainda tinham etapas a serem concluídas e, mais uma vez, todo este meu aprendizado foi utilizado para saber controlar a ansiedade e seguir meu planejamento.

E, diante da alegria e libertação da descoberta, vem uma parte bem difícil. Ter coragem de deixar uma vida sólida e confortável e recomeçar. Vivia em uma zona de conforto muito grande, na qual, além dos benefícios financeiros que sempre pesam muito na tomada de decisão, tinha o reconhecimento profissional construído ao longo de uma vida.

Mas, por mais difícil e doloroso que seja, quando se chega neste ponto, não há mais volta. Estava determinada e, apesar do medo da mudança e da insegurança do que viria, me sentia muito forte, com muita coragem e uma estranha tranquilidade que me fazia acreditar que tudo ficaria bem. Que tudo daria certo. E, enfim, depois de longos 30 anos, eu estava pronta para recomeçar.

Três pilares foram fundamentais para a minha transformação e sustentação:

1. Ter realizado um processo de *coaching*;
2. Ter o apoio de minha família;
3. Ter me preparado e planejado financeiramente.

E foi assim, dessa forma tão gratificante, que o *coaching* entrou em minha vida, inicialmente na posição de *coachee*.

Muito antes dessa explosão, eu já vinha me preparando financeiramente para meu próximo passo, que não imaginava até então qual seria, mas já buscava mudar alguns hábitos caso minha vida tomasse um rumo diferente e inesperado.

Quando se fala em *coaching*, temos ilimitadas possibilidades de desenvolvimento, mas vou me aprofundar um pouco mais em *coaching* financeiro, pois, como disse, foi um dos pilares para minha tomada de decisão.

Muitas vezes nos questionamos sobre o nosso futuro:

- Como quero viver daqui a alguns anos?
- Estou organizado e preparado financeiramente para poder aproveitar as próximas etapas?

Quando começamos a pensar com frequência sobre alguns temas, geralmente é porque temos pontos a desenvolver sobre o assunto.

O *coaching* financeiro funciona da mesma forma que qualquer processo de *coaching*, com encontros semanais, objetivando sempre o desenvolvimento de competências e autoconhecimento humano, com metas estabelecidas que são a motivação de todo o processo.

Dependendo da necessidade ou do conhecimento que a pessoa tenha de sua vida financeira, é indispensável o uso de uma ou mais ferramentas de controle. Uso ferramentas que desenvolvi, de simples entendimento e fácil acesso.

Não há um padrão, existem alguns pontos comuns que fazem parte desse trabalho. Porém, tudo é direcionado de acordo com as necessidades individuais de desenvolvimento e de autoconhecimento, que variam de acordo com a vivência, idade, momento e modo de vida, anseios e objetivos de cada indivíduo.

Parece racional, mas não é. Sempre digo que o *coaching* financeiro vai muito além do dinheiro. No início de um processo é difícil de entender, mas com o tempo percebe-se que o comportamento financeiro tem ramificações em vários campos da vida, por isso é necessário ter uma meta clara, muita disciplina, determinação e foco.

O tempo todo somos incentivados ao consumo e, mesmo sem perceber, a viver a vida que é muito boa aos olhos dos outros, sem refletir se essa vida preestabelecida é realmente boa para nós mesmos e excluir se é isso o que queremos.

Se existem dúvidas de qual o momento certo a começar, digo que o momento certo é agora.

- Sempre é tempo de começar a se organizar financeiramente. Nunca é tarde!
- Canalize suas energias e foque no que você é capaz de fazer. Não perca tempo se cobrando pelo que poderia ter feito!
- Não tenha vergonha e nem medo de reconhecer que precisa de ajuda e orientação.
- Seja o "agente transformador" de sua vida. As mudanças dependem de você.

Reconhecer a necessidade de desenvolvimento e procurar ajuda; estar aberto e disposto a mudanças fazem parte do primeiro passo.

Depois descobrir, entender e ter claro qual é o objetivo a ser alcançado, aonde se quer chegar, qual a meta, qual a busca?

O que financeiramente você quer construir? Conforto e tranquilidade para o futuro? Viajar pelo mundo? Simplesmente ter o controle de suas finanças? Poder fazer escolhas com segurança e tranquilidade?

Seja qual for a meta, tê-la sempre em mente ajudará a passar pelos momentos mais difíceis.

Há pouco comentei sobre sermos incentivados ao consumo em tudo o que nos cerca, e sobre não saber o que realmente é bom para nossa vida, pois muitas vezes vivemos o que funciona muito bem para a vida dos outros.

Pois bem, essa descoberta é difícil, mas pode se tornar mais clara à medida que começamos a pensar e observar nosso comportamento financeiro e nossas escolhas. Por meio de questionamentos e de autoanálise, cada um vai percebendo o que gosta e o que não gosta, e posteriormente, o que é necessário, o que é importante e o que é desnecessário, pontuando suas diferenças.

Um bom exercício é trazer essa descoberta e classificar despesas desta forma. Fazendo uma lista e separando as despesas assim:

- **Despesas necessárias**: aquelas que você considera essenciais e que não tem como evitar;
- **Despesas importantes**: relevantes para a sua vida, lhe fazem bem, mas não são indispensáveis;
- **Despesas desnecessárias**: que você mantém, porém são totalmente dispensáveis.

Essa é uma lista para reflexão. Não para julgamentos. É importante ser muito sincero. Não existe verdade absoluta. Em determinado momento tudo parece necessário e, em um outro, as coisas já se mostram de forma diferente. Isso é normal. Pensar nas nossas prioridades e necessidades. Isso é muito particular.

O ideal é colocar todos os tipos de despesas, desde o aluguel, plano de saúde, até o café que você toma após o almoço ou mesmo o lanche da tarde. Isso pode levar um tempo, mas o objetivo do exercício é começar a se conhecer, verificar se existe equilíbrio entre as colunas de despesas. Começar a perceber hábitos diários e depois de alguns dias revisitar a lista. Perceber se houve mudanças nas classificações de algumas despesas.

E, com um melhor entendimento das despesas necessárias, importantes e desnecessárias, outro exercício que ajuda é visualizar e encaixar as despesas por grupos.

Exemplo: despesas com educação (escolas, cursos, livros, materiais etc.); saúde e beleza (convênio médico, academia, *personal*, farmácia etc.); habitação direta (aluguel, condomínio, financiamento etc.); lazer, veículos (táxi, gasolina, IPVA etc.), mercado, jantares, filhos, vestuário, empregados, investimentos, e assim por diante.

Com as despesas separadas por grupos, já é possível aprofundarmos um pouco mais os conhecimentos financeiros.

Como se conhecer financeiramente?

O que eu chamo de se conhecer financeiramente? Saber quais são todos os seus gastos. Quanto se gasta em cada despesa e com cada grupo de despesa. Quanto significa cada gasto em relação a sua receita.

Geralmente as pessoas não têm a mínima ideia desses gastos. E sempre digo que não se preocupe e nem sinta vergonha, pois a grande maioria da população, independentemente de seu poder aquisitivo e de seus gastos, também não sabe.

Detalhar tudo isso é trabalhoso, exige disciplina e mudanças de hábito. Alimentar a planilha, colocando os valores de cada gasto, dará a visão do impacto das despesas em seu orçamento. Incorporar isso ao seu dia a dia é uma transformação muito mais rápida do que você possa imaginar.

Esse desenvolvimento já eleva o processo de *coaching* a um outro patamar. Deve ser reconhecido e comemorado, pois, assim como na vida, o processo de *coaching* é composto de pequenas e grandes vitórias. Por isso é muito gratificante comemorar!

E independentemente do trabalho em conjunto com o *coach*, com o uso de metodologias e ferramentas, tenha sempre em mente que você é o grande "agente transformador" da sua vida. Depende de você as mudanças necessárias para o atingimento de sua meta.

Sempre é muito importante fazer análises, conversar sobre escolhas, sobre as crenças que carregamos durante toda nossa vida e sobre como lidar com essas descobertas. Sobre o que realmente é importante para ser feliz. E de pensar a respeito das trocas. Quais trocas valem a pena para alcançar o seu objetivo? Do que se está disposto a abrir mão?

Geralmente, o primeiro grande anseio de todos é conhecer suas despesas, saber que têm o controle de seu dinheiro e, extremamente importante, o de suas escolhas.

Se conhecer financeiramente lhe dará segurança, autocontrole e liberdade

Esbocei rapidamente um princípio de trabalho conjunto, com aplicações gerais, mas é importante saber que existe uma metodologia suportada por ferramentas desenvolvidas sob medida.

Esse processo demanda tempo, foco, disciplina, determinação e força de vontade. É imprescindível reconhecer a evolução e ser autocrítico. A evolução e a autocrítica fazem lembrar que existe um caminho a trilhar, que há uma meta a alcançar.

Não tenha medo de mudar, de testar novas experiências, de fazer diferente do que sempre foi feito. Esteja aberto a ouvir opiniões que divergem da sua. Esteja atento ao seu interior, ao que realmente lhe faz bem. Tente! Se não der certo, você aprendeu algo que será muito importante para uma nova tentativa. Enfrente seus medos e os torne menores e até insignificantes.

Todos temos a capacidade de mudar hábitos. Cada indivíduo é seu próprio "agente transformador".

Sou feliz com minhas escolhas e por ter me permitido conhecer o novo, por estar disponível para aprender e para ser ajudada. Por ter tido coragem e ter acreditado.

Acredite sempre!

Capítulo 7

Autoestima: em busca da sua essência por meio das estratégias de coaching

Denise Almeida Wendland

Viajar estimula as sensações, as emoções e o cérebro. Quando viajamos, saímos da rotina e da zona de conforto; se a viagem é boa, nos preenchemos de sentimentos e recordações positivas, mas quando a viagem não é tão agradável como imaginávamos, sempre aprendemos algo. O meu convite é para que você faça uma viagem ao seu interior a fim de identificar como está o seu bem mais precioso: a sua autoestima!

Denise Almeida Wendland

Graduada em psicologia, pós-graduada com Especialização em Neuropsicologia pela Faculdade de Ciências Médicas – FCM Unicamp. Certificada em *coaching* pessoal e profissional pelo Instituto Brasileiro de *Coaching* – IBC, Behavioral Coaching Institute, European Coaching Association. Docente em cursos de pós-graduação. Atua como psicóloga clínica com experiências na área da psicologia, neuropsicologia, neurociências e *coaching*, nos seguintes temas: avaliação e intervenção neuropsicológica, *brain training*, tutora *cogmed* e *coach* parental e de autoestima. É uma das fundadoras do SuperAção e Aprendizagem, que visa promover a transmissão do conhecimento para psicólogos, professores e pais, por meio de cursos, *workshops* e palestras. Coautora do livro *Mais epilepsia na psicologia* com o capítulo sobre a psicoeducação de professores de crianças com epilepsia.

Contatos
www.denisepsique.com.br
www.superacaoeaprendizagem.com.br
neurodenise@gmail.com
Facebook: @PsicologaDeniseAW
Instagram: @superacaoeaprendizagem
(19) 98322-4000

Recebo diariamente, para atendimento psicológico e para sessões de *coaching*, pessoas com queixas de fragilidades na autoestima, com relatos de se sentirem incompetentes em várias esferas da vida, dentre elas, a vida pessoal, familiar, acadêmica e profissional. Mulheres, homens, jovens e crianças em sofrimento, que compartilham experiências de frustrações, desapontamentos, traições e se sentem como se não fossem suficientemente bons para ser notados ou ter conexões verdadeiras.

Clientes com a sensação de serem péssimos na arte de educar, de amar, de fazer amizades, comparando-se com os colegas e tendo uma visão destrutiva da sua imagem, seja pela beleza física ou pelo desempenho, tendo a impressão de terem perdido a sua essência e estarem sem perspectivas de futuro. Recebo, também, crianças e adolescentes com sentimentos de inadequação e incompetência intelectual.

Você conhece alguém que está assim? Talvez já tenha vivenciado essa sensação de desânimo em algum momento, então vamos mudar a rota dessa viagem? Pois é fundamental identificar o nível de autoestima e qual esfera da vida precisa de ajustes. Venha comigo nessa viagem de autoconhecimento.

Quero compartilhar com você um pouco sobre o meu trabalho de fortalecimento da autoestima, com embasamento teórico científico das Neurociências e da Psicologia Positiva, associadas às ferramentas de *coaching*. Para iniciar essa viagem, precisamos compreender o que é autoestima.

O que é autoestima?

"Não importa o que eu fizer hoje ou o que eu deixar de fazer, eu tenho meu valor" (Brown, 2016).

Sabe aquela avaliação positiva ou negativa que você faz de si mesma? Chama-se autoestima. Refere-se à "experiência pessoal, que reside no íntimo do nosso ser. É o que eu penso e sinto sobre mim mesmo, não o que o outro pensa e sente sobre mim" (Branden, 1995).

A forma como você se vê, se descreve, influencia todos os aspectos da sua vida, desde a maneira como age no trabalho, no amor, no sexo, na maternidade e na paternidade, sendo um fator que determina o sucesso.

A autoestima "começa a ser desenvolvida desde o nascimento, através da relação com os pais e com o mundo a sua volta" (Acampora, 2013). Para a mulher que decidir ser mãe, quanto mais positiva a sua visão de si mesma, maiores serão as chances de sucesso nessa tarefa. Pois "nada conduz tão bem o filho à experiência do que o amor, a alegria e a felicidade de ser amado por uma mãe que se ama" (Fromm, 2015).

Autoestima como indicador de saúde mental

"Nosso cérebro é o melhor brinquedo já criado: nele se encontram todos os segredos, inclusive o da felicidade" (Charles Chaplin).

A autoestima tem sido considerada um importante indicador de saúde mental, pois vários transtornos mentais comuns estão relacionados à baixa autoestima, desde a ansiedade, a depressão, medo da intimidade ou do sucesso até as dificuldades de concentração na escola e no trabalho.

A autoestima está localizada no cérebro, no córtex pré-frontal no hemisfério direito, ou seja, numa área nobre do cérebro, que é responsável pela tomada de decisão, planejamento, autocontrole e autoconfiança, por isso o nível de autoestima interfere diretamente na capacidade de resolução de conflitos.

Em um estudo realizado por Stephen Fleming, diretor do centro de neurologia e neuroimagem da University College London, na Inglaterra, concluiu-se que as pessoas com alto grau de autoconfiança apresentavam maior volume cerebral do lado direito pré-frontal, enquanto os inseguros exibiam volume e atividade menores nessa região (Lent, 2010).

O estudo é indicativo de que pessoas autoconfiantes tendem a liberar maior volume de ocitocina, que é o hormônio do prazer, da sociabilidade. Porém, pessoas que apresentam fragilidades na autoestima produzem uma quantidade maior de cortisol, que é considerado o "hormônio do estresse" e que tem a função de nos deixar em alerta e preparar o corpo para situações conflitantes e de perigo, gerando um aumento desnecessário de energia, causando tensão nos músculos, alterações no sistema nervoso e dores tensionais.

Tais alterações na constituição e na química do cérebro geram impactos nas nossas emoções, comportamentos e na autoimagem, ou seja, na "descrição interna que uma pessoa tem de si mesmo. A autoestima tem uma participação importante na atitude da pessoa em relação à sua autoimagem, influenciando a ideia que a pessoa tem do seu corpo" (Acampora, 2013).

Se você não está satisfeito com algo no seu corpo, verifique se é possível promover uma mudança, ou trabalhe a aceitação. Cuide-se, pratique uma atividade física, tenha uma alimentação saudável e tome 15 minutos de sol por dia, são práticas que promoverão o bem-estar, repercutindo na autoimagem. O estado emocional, a qualidade da autoestima e seu nível de confiança podem facilitar a superação dos desafios, assim como determinar e direcionar os nossos pensamentos, emoções e comportamentos.

É fundamental utilizar a autoestima como recurso interno, ou seja, como ferramenta para crescer perante as dificuldades, para superar os obstáculos e as dificuldades que surgem ao longo da vida (Acampora, 2013).

Fortaleça seus neurônios com bons pensamentos e emoções positivas, como a alegria e a gratidão, tenha um maior engajamento, cuidando de si para obter mais realização e alcançar resultados significativos, busque contribuir com a sua comunidade e ajudar as pessoas a sua volta.

Os relacionamentos e o reflexo da autoestima

"O propósito da existência humana é a construção recorrente da felicidade, por meio de interações humanas saudáveis que possam gerar pensamentos e sentimentos positivos" (Boehs; Silva, 2017).

Nos relacionamentos, a autoestima é uma das responsáveis pelo tipo de relacionamento que cultivamos. Em um relacionamento gratificante, podemos mostrar quem realmente somos e nos sentimos valorizados, fazendo o que nos dá prazer e está de acordo com a ética e com as crenças que possuímos.

Contudo, "o relacionamento a dois é a situação que mais revela a questão da fragilidade da autoestima" (Acampora, 2013), visto que a autoestima é a soma da autoconfiança e do autorrespeito. Entretanto, observamos pessoas que se submetem a relacionamentos com parceiros que as desmerecem e as desvalorizam, levando a vida como se vivessem em uma montanha russa de emoções, com episódios intensos de sentimentos negativos.

Analise como está a sua satisfação com os seus relacionamentos, pois em um relacionamento em que ocorrem expectativas exageradas, cobranças excessivas, ciúmes e muitas dificuldades no relacionamento, um dos parceiros pode estar com baixa autoestima.

Ame-se mais, cuide mais de você e dos outros, tome consciência do amor que você dá, assim você prestará mais atenção ao seu cotidiano. Lembre-se de escolher bem seus amigos, pois boas companhias podem influenciar no estilo de uma vida saudável (Relvas, 2013).

Autocompreensão da autoestima: por uma viagem fascinante

"Desenvolver a autoestima é expandir nossa capacidade de ser feliz" (Branden, 1995, p. 11).

Após aprendermos os aspectos teóricos sobre a autoestima, vamos colocar o conhecimento em prática. Partindo do pressuposto de que a autoestima é o valor que se dá a si mesmo. Pare em frente ao espelho, olhe para si, seja sincero e responda:

Quando você se olha no espelho, o que vê de bonito?

_____

Você foca na imagem positiva ou negativa?

_____

Você gosta do que vê?

_____

Avalie como está sua autoestima neste momento.
De 0 a 10, como está a sua autoestima? ____. Considerando:

● De 0 a 4	● De 5 a 8	● De 9 a 10
Baixa autoestima: sentir-se inadequado à vida, desajustado como pessoa, sem valor, incompetente, sem planos para o futuro.	**Autoestima mediana:** oscilar entre sentir-se adequado ou inadequado como pessoa e manifestar essa inconsistência no comportamento.	**Boa autoestima:** sentir-se adequado à vida, isto é, competente. Mantém os relacionamentos saudáveis. É flexível, resistente às pressões. Vivencia a experiência emocional, criativa e espiritual de maneira satisfatória. Trata os outros com respeito, benevolência e boa vontade.

Fonte: Com base em Branden, N. (1995). Esta é uma avaliação sem validação técnico-científica e foi elaborada apenas com a finalidade de ajudar o leitor a analisar como está se vendo neste momento, em relação à autoestima.

Você se identificou com baixa autoestima, então precisa investir mais em si! Valorizar a sua própria companhia e buscar meios para desenvolver a sua autoestima para ter uma vida mais saudável.

A autoestima é um processo dinâmico e pode mudar ou oscilar, conforme os desafios e o momento da vida, alterando o padrão estabelecido, ou seja, é um processo sujeito a mudanças. Sendo indicada a ajuda de um profissional para restaurar o nível da autoestima. Se você está com pensamentos negativos frequentes, irritabilidade, desânimo, tristeza, alterações do padrão de sono, alimentação ruim e baixa autoestima, busque atendimento psicológico, pois os sintomas podem melhorar com o tratamento.

Caso tenha se identificado com uma autoestima mediana, você está indo na direção certa, mas ainda precisa desenvolver alguns aspectos. E o processo de *coaching* pode ajudar.

Tenho uma dica preciosa que fará diferença na sua vida: foque no que gosta em si, isso irá influenciar de maneira positiva as suas emoções e atitudes. Todas as pessoas são capazes de elevar e desenvolver a autoestima, em qualquer fase da vida. Em uma década de atendimentos, presencio o sucesso, a evolução e a conquista de uma vida mais feliz e próspera nos clientes que estão abertos a embarcar nessa viagem interna de resgate da autoestima.

Mas se está com uma boa autoestima, parabéns! Você acredita em si mesmo, continue se cuidando!

Vamos fortalecer a sua autoestima! Seja generoso com você, identifique suas qualidades e as suas dificuldades. Um dos fatores que diminuem a ansiedade é entrar em ação, portanto pense em estratégias de ação para superar as suas dificuldades e aumentar as suas qualidades.

Qualidades ou facilidades:	Dificuldades:	Estratégias de superação:
características que você tem e são boas.	são os aspectos a melhorar.	o que você pode fazer para aumentar as suas qualidades.

Para aumentar a autoestima, é fundamental que você exercite o autoconhecimento, e pode começar tendo uma visão realista de si mesmo. Reavalie as suas qualidades, e se constatar que os defeitos fazem parte de suas características e não podem ser mudados e nem interferem no seu desempenho, foque nas suas qualidades e aprimore-as! Pois "até cortar os próprios defeitos pode ser perigoso. Nunca se sabe qual é o defeito que sustenta nosso edifício inteiro" (Clarice Lispector).

Como ficou a sua lista de qualidades? Constatou que tem muitas, então deixe que as outras pessoas conheçam essas qualidades, habilidades e seu talento, mostre-se! Mas se você concluiu que está com uma visão muito negativa de si mesmo e com a lista de defeitos ou dificuldades muito maior, enumere as evoluções que obteve na sua vida pessoal, profissional e também comemore as pequenas conquistas.

Acredito que todas as pessoas possuem qualidades e habilidades, que farão diferença na produtividade, nos relacionamentos e na saúde mental. Permita-se fazer essa viagem de descoberta, pois com o fortalecimento da autoestima, pode-se melhorar a qualidade dos pensamentos, dos sentimentos, manter vínculos satisfatórios, viver plenamente, com coragem e compaixão.

Referências

ACAMPORA, B. *Autoestima*: práticas para transformar pessoas. Rio de Janeiro: Wak Editora, 2013.

BOEHS, S.; SILVA, N. *Psicologia positiva nas organizações e no trabalho*: conceitos fundamentais e sentidos aplicados. São Paulo: Editora Vetor, 2017.

BRANDEN, N. *Autoestima e os seus seis pilares*. São Paulo: Editora Saraiva, 1995.

BROWN, B. *A coragem de ser imperfeito*. Rio de Janeiro: Sextante, 2016.

FROMM, E. *A arte de amar*. São Paulo: Martins Fontes, 2015.

LENT, R. *Cem bilhões de neurônios? Conceitos fundamentais de neurociência*. São Paulo: Editora Atheneu, 2010.

RELVAS, M. P. *Sob o comando do cérebro*: entenda como a neurociência está no seu dia a dia. Rio de Janeiro: Wak Editora, 2014.

Capítulo 8

Empowerment: empoderamento pessoal e profissional por meio do coaching

Ederson M. Menezes

O empoderamento pessoal e profissional é um diferencial na vida das pessoas. Compreenda como você pode aplicar técnicas de *coaching* para se desenvolver. Neste artigo, você verá como o *coaching* funciona, como encarar a vida de forma diferente e, ainda, de que maneira pode crescer e se desenvolver por meio de mudanças poderosas na sua vida.

Ederson M. Menezes

Bacharel em Teologia, licenciado em Sociologia, especialista em Docência no Ensino Superior, especialista em Docência e Tutoria em Ensino a Distância (EAD), MBA em Liderança e *Coaching* na Gestão de Pessoas, MBA em *Coaching* e analista comportamental e mestre em Práticas Socioculturais e Desenvolvimento Social. *Professional* & *self coach*, *life coach* e palestrante-*coach* pela Line Coaching. Fundador e diretor da EMM Learning - Desenvolvimento Humano. Desenvolvedor de *softwares* na área de educação e *coaching*. Idealizador e facilitador do projeto *learning coaching*. Palestrante em temáticas que envolvem liderança, *coaching* e inteligência socioemocional.

Contatos
www.edersonmenezes.com.br
www.learningcoaching.com.br
contato@edersonmenezes.com.br
Instagram: palestrantemenezes
Facebook: @palestrantemenezes

> "Aprendi que os recursos de que precisamos para transformar nossos sonhos em realidade estão dentro de nós, aguardando apenas o dia em que decidirmos despertar" (Robbins, 2018).

O que você acha de usar o *coaching* para se desenvolver todos os dias e obter resultados diferenciados? Mas como isso pode acontecer? Com empoderamento!

Apesar da palavra *empowerment* (empoderamento) estar normalmente relacionada ao meio corporativo, aqui ela diz respeito à vida como um todo – a uma forma empoderada e plena de viver, uma maneira de encarar a vida de forma corajosa e diferente.

Esse modo de vida empoderado está baseado na metodologia de *coaching* que traz inúmeros benefícios, quando aplicado de forma correta.

Como encarar a vida de forma diferente?

Encarar a vida de forma diferente precisa ser mais do que pensamento positivo. Tem que ser um exercício diário até que vire um hábito e, então, sua história – a hora da virada é uma jornada de transformação de vida.

Você também precisa estar em condições para fazer o exercício necessário de superação.

Pois há outros fatores que influenciam o dia a dia, como questões de crenças limitantes – pensamentos que nos trazem derrota e que precisam ser renunciados.

Também há o campo da inteligência emocional – esse possui grande impacto na sua capacidade de mudança e está relacionado ao ciclo: pensamento, sentimento e ação.

Por isso, encarar a vida de forma diferente torna-se um grande desafio para muitas pessoas. No entanto, há um caminho para sua vitória.

Mas tentar fazer essa jornada sem consciência de tudo o que uma mudança exige pode ser frustrante, tendo em vista não alcançar os resultados desejados.

Para obter os recursos necessários, há dois caminhos possíveis:

a) contratar um *coach* que acompanhará você em sua jornada; ou

b) fazer um curso de *coaching* e utilizar os recursos em sua vida.

O profissional *coach* possui formação para despertar o potencial humano e o *coaching* é uma das metodologias mais poderosas do mundo em termos de desenvolvimento pessoal e profissional. A escolha é sua!

O *coaching* e seus benefícios

A estrutura de um processo de *coaching* é relativamente simples, mas não se engane, pois, por trás dessa simplicidade, está um universo de conhecimentos que se articulam.

Quando falo em estrutura, ela poderia ser compreendida a partir de três questões:

a) O que você quer?

b) Por que você quer isso?

c) Como você pode potencializar suas condições de obter o que deseja?

Algumas pessoas podem ser tentadas a achar que compreender essa estrutura seja suficiente para deixar de investir na contratação de um *coach* ou em um curso de *coaching*. Mas isso é um engano!

Sim! Um engano, porque essa estrutura está transpassada por conhecimentos necessários no âmbito do autoconhecimento, da gestão das emoções, do enfrentamento de crenças, da criação de novos hábitos, do aprimoramento pessoal e profissional acompanhado – conhecimentos esses que só um *coach* ou um curso de *coaching* pode oportunizar.

E quem entende o poder e a importância do *coaching* para a vida das pessoas não pensa duas vezes quando está diante de uma oportunidade.

Dentre os muitos motivos que poderiam ser destacados, estão as oportunidades para:

a) se conhecer melhor como pessoa e superar crenças limitantes;

b) conhecer e desenvolver suas emoções de forma saudável;

c) conhecer e desenvolver suas habilidades, competências e atitudes;

d) despertar motivação e empoderamento pessoal e profissional;

e) despertar o interesse por crescimento pessoal e profissional continuado.

O *coaching* traz uma infinidade de técnicas e ferramentas que auxiliam todo esse processo e que estão muito além de sua simples estrutura.

Além disso, é importante referenciar que o *coaching* não é algo mágico, mas, sim, uma metodologia reconhecida no mundo inteiro e validada por milhares de pessoas na obtenção de resultados significativos em termos pessoais e profissionais.

O *coaching* continuamente se aprimora e isso pode ser observado no próprio desenvolvimento de ferramentas que acompanha sua evolução.

Case de sucesso: a hora da virada

"O meio mais poderoso de mudar nossa vida é agir" (Robbins, 2018).

No meio de uma crise econômica do país, ele pediu demissão de uma posição profissional estável.

Com um bom salário, largou tudo para recomeçar tudo literalmente do zero. Emocionalmente abalado, profissionalmente desnorteado. Uma jornada que envolvia sua família, esposa, seus filhos e o desejo de fazer o que é certo.

Partiu para morar em um novo lugar, sem nenhuma perspectiva, senão a decepção da sua jornada profissional anterior – uma história mais comum do que se imagina.

Essa história não era para terminar bem, se não fosse por algo muito significativo: *coaching*.

Tendo um contato inicial com o *coaching* em um tempo anterior, uma experiência superficial, muito rápida – sem efetividade, ainda, sim, era um recurso importante a ser recuperado nessa ocasião.

Agora, com uma nova oportunidade, decidiu fazer uma verdadeira imersão nessa metodologia, reconhecida como uma das mais poderosas do mundo para desenvolvimento.

Foi assim que esse pai de família recomeçou sua jornada – imergindo no universo do *coaching*.

Em meio ao tumulto emocional, intelectual, relacional – decepção.

No entanto, havia dedicação suficiente para iniciar uma jornada que duraria dois anos.

Sim! Durante dois anos, seu foco principal foi o *coaching*, mais especificamente *autocoaching* – a aplicação da metodologia de *coaching* em si mesmo.

No começo, o desafio de reconhecer sua situação atual, perceber suas dores, seus temores, suas fragilidades e, ainda, manter esperança suficiente para dar um novo passo.

Depois de estabilizar as emoções, foi a vez de reorientar de forma mais apurada seus pensamentos – refazer planejamentos.

Era a hora de desenterrar sonhos, de voltar a acreditar.

Não se pode imaginar que isso tenha sido fácil, havia dias cinzas que o puxavam para um buraco – forças que sugavam sua energia, seu brilho, sua essência.

No entanto, o contínuo trabalho com o mundo interior, resgatando seus valores, suas forças e sonhos, trouxeram uma energia diferente – algo que se achava não mais existir.

Era com essa força, então, que enfrentava cada dia. Era com essa força que se conquistava, dia a dia, terras em que o sol brilhava mais e as cores se multiplicavam.

Quando as emoções foram estabilizadas, os pensamentos se reorientaram, a força interior começou a jorrar, essa foi a hora da virada!

Não é mágica, é foco somado à dedicação e aplicação do *coaching*.

É desenvolvimento humano a partir do despertar dos potenciais internos que todo ser humano possui.

Sim! "Sem esforço não há recompensa" – é perseverança que faz reunir forças para levantar cada vez que cair.

Quando se está no meio de uma avalanche de problemas, surgem outros que nem sequer foram imaginados. E, se não tiver algo que lhe dê força, você é arrastado com tudo.

Não é de força circunstancial que se fala aqui – não é reação impulsiva. E, também, não é de força física. A força que se fala aqui é algo construído, solidificado, tijolo a tijolo – lentamente. Força estável, permanente, que não se abala com facilidade. É essa força que um bom processo de *coaching* produz na vida de uma pessoa.

Essa história termina com um final feliz, porque teve sua hora da virada por meio dos recursos que o *coaching* oferece. Em dois anos ele se refez emocionalmente, reestruturou-se profissionalmente e alinhou projetos de vida com seus sonhos e valores.

Vencer obstáculos exige uma coragem diferenciada. Ela não pode ser fruto de impulsos e descontroles que invadem a sua vida. Superar barreiras exige o despertar de forças adormecidas que habitam a interioridade humana. E a boa notícia é que essa força está disponível para todas as pessoas, está dentro delas, e apenas necessita ser despertada.

"Usar o poder da decisão lhe dá a capacidade de vencer qualquer desculpa e modificar qualquer parte de sua vida em um instante" (Robbins, 2018).

Quer crescer na sua carreira profissional?

O *autocoaching* tornou-se uma necessidade, principalmente para os profissionais em um mundo com fluxo de mudanças intensas e contínuas.

E, como já observado, fazer mudanças na vida com vista ao desenvolvimento pessoal e profissional pode ser muito desafiador sem os recursos necessários.

Pensando nisso, deixo aqui para você um passo a passo para efetivar mudanças mais intensas na sua vida. Mudar mesmo!

a) Primeiro, reconheça seu atual padrão – considerando a área que deseja mudar, descreva exatamente como você está e se sente em relação a essa realidade;

b) Faça, também, uma lista de elementos que constituem sua atual condição, realidades sobre si e que reconhece como sendo ruins ao seu desenvolvimento pessoal e profissional – coisas que não vai mais admitir em sua vida;

c) Agora, descreva exatamente como você se vê no futuro, depois de ter se desenvolvido. Quais serão as características e realidades que farão parte de sua vida? Sim, estamos falando de sua visão de futuro;

d) Lembre-se de que, para mudar, você precisa ter clareza do que não quer mais na sua vida e clareza acerca do seu processo para desenvolver, além de, é claro, sua visão de futuro. E isso envolve suas convicções. Então, você precisa mudar o que pensa e o que sente em relação a si hoje – uma nova mente com novos sentidos e propósitos;

e) Agora, elabore uma estratégia prática para alcançar os resultados que deseja. O que vai fazer para alcançar esses resultados em termos práticos? O que fará para manter os pensamentos e sentimentos corretos, que contribuem ao seu desenvolvimento?;

f) É importante lembrar que não adianta nada desejar algo e não colocar em prática o que precisa para alcançar seus objetivos. Você precisa agir!

g) Essa é a diferença entre ter interesse por algo diferente em sua vida e decidir acerca de algo – decisão leva à ação!

Veja no gráfico a seguir o que acabo de descrever.

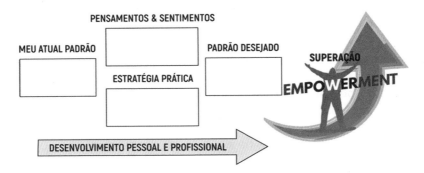

"Pessoas se deixam paralisar pelo medo de não saber exatamente como transformar seus sonhos em realidade" (Robbins, 2018). Mas você não precisa ser uma dessas pessoas. Só precisa *empowerment* (empoderamento), recursos, decisão com ação – e, então, a hora da virada vai chegar na sua vida também!

Lembre-se! Você só tem esta vida, não desperdice nenhum segundo dela. Faça valer a pena cada experiência da sua jornada de vida! Muita vida para você!

Referências

MARION, A. *Manual de coaching*. São Paulo: Atlas, 2017.

MATTEU, D.; SITA, M.; FONSECA, R.; FARIAS, W. *Coaching: aceleração de resultados*. São Paulo: Literare Books International, 2015.

MENEZES, E. M. *Software didático roteiro de coaching*. Ijuí (RS): EMM Learning, 2019.

ROBBINS, T. *Desperte o seu gigante interior*: como assumir o controle de tudo em sua vida. Rio de Janeiro: Best *Seller*, 2018.

Capítulo 9

Será que o coaching é para mim?

Grazziela Santos

Neste capítulo, vou contar um pouco mais sobre o processo de *coaching*, seus benefícios e como ele pode ajudar qualquer pessoa que deseja realizar mudanças em qualquer área da vida. Você terá em mãos uma poderosa ferramenta de autoconhecimento.

Grazziela Santos

Life coach, *positive coach*, certificada e membro da Sociedade Brasileira de Coaching (SBC). Formada em *Coaching* para Mulheres pela Woman to Be. Bacharel em Comunicação Social, MBA em Gestão de Varejo (UAM) e MBA em Gestão de Franquias (FIA-USP). Experiência de mais de 20 anos em Gestão no Varejo de Moda e Expansão de Novos Negócios. Fundadora da Up Coaching Treinamento e Desenvolvimento Humano.

Contatos
upcoaching.crieresultados.com.br
upcoaching08@gmail.com
(11) 99274-9693

Onde surgiu o *coaching*

O *coaching* surgiu nos Estados Unidos há cerca de 22 anos. Foi se expandindo por toda a América do Norte, Europa, Ásia e América do Sul. No Brasil, o *coaching* deu seus primeiros passos há 12 anos, tendo um aumento significativo nos últimos sete. Apesar de amplamente difundido no meio corporativo, hoje em dia, existem inúmeras áreas em que os benefícios do *coaching* podem ser aplicados, como na vida, nos relacionamentos ou na carreira. Pode ser utilizado das mais diversas formas, por qualquer pessoa que deseja realizar mudanças em qualquer aspecto da vida.

O que é *coaching*?

O *coaching* é uma metodologia inovadora que provoca resultados impactantes na vida do indivíduo como um todo. O profissional de *coaching*, chamado *coach*, trabalha para que seu cliente, chamado *coachee*, possa alcançar seus sonhos e derrubar barreiras que impedem seu crescimento, e com isso evoluir na área que deseja mudar. O método consiste na aplicação de ferramentas e técnicas específicas, especialmente desenvolvidas para estimular o potencial de cada indivíduo.

A partir da definição do objetivo, inicia-se um trabalho em conjunto de planejamento, estímulos e ação. A pessoa que participa de um processo, com o tempo, passa a ter mais controle sobre a própria vida e estabelece metas e métodos para buscar viver de forma mais equilibrada. As mudanças são nítidas, independentemente do histórico do indivíduo, sexo, profissão, idade, local onde mora, escolaridade e outras variáveis. Como em qualquer processo de mudança, é necessário que exista engajamento e empatia entre o profissional e o cliente, é preciso que exista confiança e comprometimento mútuos. O processo ocorre em sessões semanais, onde são abordados diferentes pontos para reflexão, sempre focando no objetivo predeterminado pelo cliente.

Coaching x terapia

Apesar de gerar muita confusão, o *coaching* e a terapia são métodos distintos. A terapia é um método clínico, trabalha a vida da pessoa em todos os âmbitos ao mesmo tempo. Trata traumas e doenças psicológicas, pode durar a vida toda. O *coaching* é uma técnica estruturada, um plano de ação, sobre uma área específica determinada pelo cliente. Atua no presente, planejando o futuro. Tem começo, meio e fim, com duração determinada.

Pessoas em processo de terapia podem contratar o *coaching* para desenvolver assuntos específicos, de forma complementar, pois um método não substitui o outro, como também situações fora do âmbito do *coaching* devem ser encaminhadas a profissionais qualificados para tal situação.

Para vivenciar um pouco o método, será disponibilizada uma ferramenta que costuma ser bastante utilizada no início dos processos de *coaching*, a Roda da Vida! No gráfico ao lado estão representadas 12 áreas de nossa vida, segundo definições abaixo:

- Autodesenvolvimento: o que tem feito para se desenvolver?
- Trabalho e carreira: o quanto está satisfeito com a profissão/trabalho que realiza?
- Finanças: o quanto está satisfeito com seu salário/rendimento?
- Saúde: como está sua qualidade de vida e disposição?
- Contribuição social: satisfação com sua contribuição à sociedade?
- Relacionamento amoroso: satisfação com namorado(a), esposa, marido?
- Vida social e amigos: o quanto está satisfeito com sua vida social, amigos, passeios, diversão?
- Família: como está seu relacionamento familiar em geral (pais, parentes)? Está satisfeito?
- Casa e ambiente: como está seu ambiente, seu lar?
- *Hobbies* e lazer: está satisfeito com coisas que faz para você, que lhe dão prazer e alegria?
- Equilíbrio emocional: tem controle de suas emoções?
- Espiritualidade: satisfação com espiritualidade? Aqui não estamos falando de religião, mas, sim, de conexão com sua crença, seja qual ela for.

Utilizando a ferramenta Roda da Vida

Pinte cada área dentro da Roda, de acordo com as legendas, na escala de 1 a 10, com seu nível de satisfação atual em cada uma. Ao terminar de pintar todas as áreas, surgirá um gráfico do momento atual da vida do indivíduo.

É como uma fotografia em que ficam registradas as áreas que estão mais ou menos equilibradas. O resultado pode surpreender, pois, com a rotina, muitas vezes não se tem consciência de quão negligentes podemos ser com nossas vidas. No processo de *coaching*, a partir dessa ferramenta, são definidos os próximos passos e estratégias a seguir com muitas ferramentas, e todas são utilizadas para ampliar o potencial do indivíduo, fortalecendo pontos positivos e criando novas maneiras de pensar.

Alguns exemplos da aplicação do *coaching*:

- Administração/gestão do tempo;
- Desenvolvimento da liderança;
- Autoestima, autoconfiança;
- Planejamento, visão estratégica;
- Melhoria na qualidade de vida de forma geral;
- Transição de carreira, empreendedorismo;
- Emagrecimento;
- Identificação de crenças limitantes.

Como me tornei *coach*

Ao longo de minha carreira, por quase 20 anos como executiva de negócios no varejo, desenvolvi e treinei centenas de pessoas. Atuei com equipes de vendas, gestores, franqueados, investidores, etc. Sempre busquei o autodesenvolvimento para ampliar resultados; conheci, assim, o *coaching* e me apaixonei pelos rápidos resultados, pela eficácia das ferramentas e por poder unir toda a minha experiência corporativa ao processo. Iniciei meus atendimentos ainda no meio corporativo, em paralelo, e a experiência foi maravilhosa, pois, a cada processo finalizado, novas pessoas eram indicadas e o gosto pelo *coaching* só crescia. O que eu ainda não sabia é como o *coaching* transformaria minha vida!

A transição

Segui meus estudos e me especializei. Unindo a satisfação em transformar a vida das pessoas com uma antiga vontade de empreender, encontrei meu caminho e deixei o mundo corporativo. Com certeza não foi uma decisão fácil, é preciso coragem para deixar a estabilidade e o conforto de uma carreira. Mas eu estava preparada, o *coaching* me preparou, desde a primeira sessão que participei como cliente, algo mudou, e para muito melhor.

Foi assim que, em 2017, a Up Coaching foi fundada. Atuamos no desenvolvimento humano com processos pessoais e corporativos, individuais ou em grupo, utilizando como principal ferramenta o *coaching* e todas as vantagens que esse método possibilita.

Aproveite os benefícios dessa maravilhosa ferramenta, destrave seu potencial e tenha uma vida mais completa e realizada.

Capítulo 10

Desconstruindo crenças limitantes

Ivan Fortes

Este capítulo tem por objetivo mostrar que há crenças limitantes e que existe a possibilidade de desconstruí-las por meio da mudança do modelo mental, visando buscar estratégias que permitam e fortaleçam a plena realização pessoal e profissional, oportunizando manter o equilíbrio em todas as áreas da vida.

Ivan Fortes

Pedagogo licenciado pela ULBRA (Universidade Luterana do Brasil). *Life coach*, *leader coach* e Avaliação de Perfil Comportamental DISC, certificado pela SLAC (Sociedade Latino Americana de Coaching), instituto reconhecido pela IAC (*International Association of Coaching*). Treinador comportamental pelo IFT (programa de formação em treinamento comportamental). Palestrante e músico, realiza *workshops*, unindo a música aos conteúdos, além de processos de *coaching* e treinamentos de liderança e desenvolvimento humano.

Contatos
www.nexussassessoria.com.br
ivanfortes@nexussassessoria.com.br
Facebook: Ivan Fortes Coach
Instagram: Ivan Fortes Coach
(51) 3748-1805 / (51) 99725-0467

Por que você tem sucesso em algumas coisas e em outras não?

Algumas crenças podem atrapalhar na hora de fazer escolhas, tomar decisões e ainda impedir a entrada em ação. Quando temos algum tipo de crença que nos limita não conseguimos ter objetivos, temos apenas vontades, sonhamos, fazemos planos, mas realizamos muito pouco ou quase nada.

Por muito tempo essa foi minha realidade, não entendia porque as coisas eram tão difíceis, na verdade, precisei aprender algo que não sabia: que determinadas crenças nos aprisionam e nos impedem de ir além. Somente quando tive contato com o *coaching* e a PNL que passei a reciclar falsas crenças, convertendo-as de limitantes para fortalecedoras, as quais motivam, impulsionam e fortalecem. Foi aí que aconteceu a virada de chave. Hoje, entendendo sobre crenças, ficou simples lidar com elas, possibilitando ultrapassar os meus limites.

O sistema de crenças é o que norteia nossa conduta no ambiente em que vivemos. Portanto, define até onde podemos ir e o que podemos alcançar em nossa vida. Se não estamos realizando aquele sonho de anos, é porque alguma crença está nos limitando. Para vencer a luta contra as crenças limitantes, é preciso ter clareza de como elas funcionam, de que maneira se instalam e o quanto podem nos prejudicar na busca de nossos objetivos.

Essas limitações não são físicas ou emocionais, são apenas representações de ideias formadas na nossa mente, ao longo do tempo, a respeito da realidade.

Crenças limitantes são resultados de interpretações negativas das experiências que vivenciamos. Elas podem surgir a partir do que o sujeito ouve e observa no ambiente familiar do tipo "você não presta para nada". Quem ouve muito isso quando criança acaba aceitando como uma verdade. Elas podem ser adquiridas por meio de tendências ou padrões ditados pela sociedade, tais como "eu não consigo melhorar de vida, porque o país está em crise", quando na verdade muitas pessoas e empresas prosperam nessas épocas. E ainda podem ser pessoais, criadas a partir das experiências individuais, como, por exemplo, "eu tenho o dedo podre para relacionamentos", como no caso de alguém que vivenciou uma ou mais situações desagradáveis em relacionamentos e passa a acreditar que todos os outros serão ruins.

No momento em que nos identificamos com uma situação ou modelo, temos a tendência a generalizar, acreditar que é um padrão, o qual se repete sempre da mesma forma como um ciclo vicioso, aceitamos como se fosse uma verdade absoluta, e que acaba por impedir a mudança de paradigma, fator determinante no alcance de metas, objetivos e para a evolução do ser humano.

Algumas crenças podem, também, nos levar a uma limitação física ou mental, pelo fato de não nos permitir permanecer em um bom estado emocional, reduzindo o nosso desempenho, bem como o potencial de realização, além de trazer mais do mesmo. Ou seja, se você acreditar que a vida é dura, mais dura ela será; se acreditar que é desastrado, mais desastres você vai atrair; se acreditar que lhe falta oportunidade, não vai perceber as infinitas possibilidades a sua volta; se você crer que não é capaz, dificilmente irá desenvolver competências para alcançar seus objetivos. Lembre-se de que tudo aquilo que colocar foco e energia expande e cresce. Portanto, pôr foco e energia nos seus recursos e qualidades amplia suas chances de conquistar o que deseja.

Todos sonhamos em prosperar, mas quando temos crenças que nos limitam, aumentam as dificuldades para manter equilíbrio e harmonia nas três importantes áreas da vida que são:

Saúde – Se seu corpo deixá-lo na mão, seu cérebro não vai funcionar bem, assim como se sua mente não estiver tranquila, o corpo também vai mostrar sinais de fraqueza. Mente e corpo fazem parte do mesmo sistema cibernético, e tem duas coisas que destroem esse sistema: é o que você come e o que você pensa. Um pensamento influenciado por crenças limitantes pode o levar à lona.

Velhas desculpas que acabam virando crenças, como, "eu não tenho tempo para me exercitar, academia não é para mim", ou "não tenho dinheiro para investir em alimentos mais saudáveis", são, na verdade, falta de prioridade e de planejamento. Experimentar fazer algum movimento diferente e dar qualquer passo nessa direção, por mais ínfimo que seja, já será uma grande evolução.

Uma ótima pergunta a se fazer é: como eu quero chegar aos 80 anos? Precisando de ajuda para se levantar da cadeira e ter que manter uma farmácia na própria casa? Ou chegar lá independente para caminhar e conseguir pegar seus netos no colo?

Crenças limitantes podem criar pontos cegos e impedir que o sujeito dê a devida atenção a algo tão importante como a saúde. Independentemente da sua idade, sua rotina e condição financeira, ainda há tempo para planejar um futuro mais saudável. Optar por hábitos saudáveis é dar valor à saúde, enquanto você a tem.

Relacionamento – O primeiro e mais importante é o que tenho comigo mesmo, o que eu digo para mim, como eu me vejo, que sentimentos eu tenho a meu respeito. O que eu acredito sobre mim? Que tudo é difícil e que nasci num ambiente desfavorável ou que sou capaz e busco criar minhas oportunidades?

O segundo é com os outros, porque é a estrutura de uma boa autoestima, não há coisa melhor do que você ter bons momentos com colegas, amigos e família.

Um estudo da Universidade de Harvard sobre o desenvolvimento adulto monitorou 724 homens por 75 anos, a partir de 1938, perguntando sobre trabalho, vida e saúde. Gerou algumas informações, que bons relacionamentos nos mantêm felizes e saudáveis e que há três grandes lições sobre relacionamento, entre elas: as conexões sociais são realmente boas para nós e a solidão mata; não importa o número de amigos que você tem, se está em um relacionamento sério ou não, o que importa é a qualidade de seus relacionamentos; um relacionamento ruim é pior que um divórcio e bons relacionamentos não apenas protegem a saúde, protegem também nosso cérebro.

Estar em um relacionamento seguro aos 80 anos, no qual você pode contar com o outro nos momentos de necessidade, preserva a memória dessas pessoas por mais tempo, ao contrário de relacionamentos nos quais não se pode contar com o outro, que experimentam o declínio da memória mais cedo.

Como dizia Mark Twain: "Não há tempo, tão breve é a vida para discussões, desculpas, ressentimentos e prestações de contas. Só há tempo para amar e apenas um instante, por assim dizer, para isso". Ou seja, uma boa vida é construída com bons relacionamentos.

Aspectos financeiros – Trata-se de orçamento e poupança. Ter clareza de suas receitas e suas despesas, entender que é essencial gastar menos do que ganha, ou diversificar as receitas para ganhar mais do que gasta, bem como investir a diferença, é a melhor estratégia para ter estabilidade nessa área. Isso exige que você faça escolhas que lhe permitam não ter escassez no futuro, parece simples, mas a realidade é que a maioria das pessoas não lida bem com finanças.

Desenvolver sua inteligência financeira, bem como um *mindset* de abundância, exige novamente que você mude suas crenças, quebre paradigmas e se desafie a aprender mais para ter uma visão melhor de como gerenciar o seu dinheiro. Levando em consideração que as finanças interferem, também, no relacionamento e na saúde, vale a pena dar uma atenção especial para elas.

Conforme a fala do administrador Gustavo Cerbasi (2018):

> É necessário ter um orçamento mais resiliente, que lida melhor com os imprevistos, com mais qualidade de vida, com mais cuidados pessoais, com mais lazer, com mais educação avulsa (aquela que não tem a ver com meu trabalho), algo que desenvolva um lado diferente do meu cérebro, porque lazer dá prazer e motiva, obviamente quem chega melhor ao trabalho é quem supriu as suas necessidades essenciais, tendo um ganho de *performance* em relação a outros que não fazem dessa forma. A fórmula é simples, gaste o máximo que você pode, mas com qualidade, invista o mínimo que você precisa, mas com inteligência. Não para ter no futuro algo que você está abrindo mão hoje, mas para sustentar no futuro o estilo de vida que você está criando hoje.

Se estiver com algum problema neste momento, com certeza está relacionado à saúde, aos relacionamentos ou aspectos financeiros; e se está com dificuldade para resolver, é possível que alguma crença o esteja limitando. O detalhe é que essas áreas estão relacionadas e uma afeta a outra, portanto, para uma vida plena e de sucesso é preciso mantê-las em harmonia.

Superar crenças limitantes exige fazer uma autoanálise para entender que, assim como temos crenças que nos limitam, também temos crenças fortalecedoras que funcionam muito bem, são aquelas que estão nas áreas que temos mais satisfação na nossa vida. Feito isso, é hora de desconstruir as que limitam, criando mais espaço para instalar as que possibilitam. Algumas pessoas se dão conta disso quando buscam se desenvolver; outras, precisam de um profissional para ajudá-las com os desafios da mudança.

Desconstruindo crenças em 4 passos:

1º – Identificar, analisando em qual área você tem dificuldade de alcançar objetivos, em que não consegue se desenvolver, o que deixou de tentar ou até mesmo do que está fugindo. Importante tomar consciência dessas crenças de forma clara, anotar cada uma em lugar de fácil visibilidade, procurar onde se originou e os motivos pelos quais se instalou na sua mente. Saber com clareza quais são essas barreiras é essencial para eliminá-las;

2º – Assumir e aceitar que essas crenças estão o limitando e entender que elas não têm a ver com seu caráter ou personalidade. Muitas pessoas usam suas crenças limitantes como desculpas para justificar seus fracassos e tirar a responsabilidade de seus ombros. Se esse for o seu caso, vai exigir um maior desprendimento para quebrar suas barreiras mentais, a menos que você lute para abandonar essas desculpas;

3º – Questionar e criticar o porquê de acreditar nisso. Por ter tido experiências negativas a respeito de determinada situação? Por que nenhum conhecido seu alcançou tal resultado? Ou foi o ambiente que o influenciou?;

4º – Buscar modelos e pessoas que progridem onde você não consegue, encontrar bons exemplos para seguir, modelar aqueles que já alcançaram o que você está buscando. Afinal, o sucesso deixa pistas, mas só está ao alcance dos que acreditam.

Assim como o medo real, aquele que nos protege, e que está ligado ao instinto de sobrevivência – por exemplo, você dobra uma esquina e dá de cara com um cão feroz, que faz com que você reaja ou fuja, pois o perigo é real –, temos também medos imaginários. Esses medos não estão fincados na realidade, fazem parte da imaginação e podem causar danos do tipo: deixar de gravar um vídeo por acreditar que não fica bem diante das câmeras e que sua voz é horrível, sendo que, no dia a dia, pessoas olham para você, escutam a sua voz e você lida bem com isso.

Muitas vezes, deixamos de alcançar nossos objetivos por acreditar que medos imaginários podem nos afetar tanto quanto medos reais, isso nos traz preocupações, sofrimento antecipado e, na maioria das vezes, não vão além das fronteiras da nossa mente.

Desenvolvemos crenças limitantes a partir de quadros mentais sabotadores, então para criarmos crenças fortalecedoras precisamos ter pensamentos e atitudes positivas. Reclamar menos e agradecer mais faz toda a diferença, um ótimo exercício para isso é fazer duas listas, uma de coisas pelas quais devemos sentir gratidão, ler pela manhã e à noite. A outra, de coisa boas que aconteceram no dia, observando quais sentimentos teve a respeito delas. Praticando isso todos os dias, durante três semanas, já dá para perceber as mudanças, quadros mentais e atitudes de positividade passam a fazer parte da rotina. Esse novo hábito nos permite focar mais na solução e menos no problema, possibilitando criar trilhas neurais novas, eliminando barreiras imaginárias.

Nosso cérebro é uma máquina complexa e extraordinária, capaz de façanhas incríveis, mas é preciso saber operar para manter o controle e usufruir do melhor potencial. O seu funcionamento é responsável por quem somos e pela criação da nossa realidade. Quanto melhor for esse funcionamento, mais bela essa realidade será.

> Imagine você saindo do trabalho, o mundo estava estressante. Depois de duas cervejas, eis que o mundo se tornou menos estressante. Veja bem: mundo continua sendo o mesmo. O que mudou foi o seu cérebro. (BARROS FILHO; CALABREZ, 2018, p. 222).

Nossas percepções sobre o mundo são muito particulares devido às impressões e ideias que tivemos ao longo da vida, mas o bom é que podemos abrir novas janelas que nos permitam ver o mundo de maneira mais positiva, desenvolvendo crenças fortalecedoras que nos possibilitam subir para o próximo nível, e o melhor de tudo é que não precisamos beber "aquelas tais cervejas" a fim de mudar de uma mentalidade fixa para uma mentalidade de crescimento.

A você, leitor, desejo boas reflexões sobre suas crenças, que opte por nunca desistir de seus sonhos, que acredite na sua capacidade, no seu poder de realização e lembre-se de que "toda jornada começa com o primeiro passo" (Lao-Tsé).

Referências

BARROS FILHO, C. de; CALABREZ, P. *Em busca de nós mesmos*. 3. ed. Porto Alegre: Citadel Grupo Editorial, 2018.

CERBASI, Gustavo. *Equilíbrio da teoria para a vida.* Palestra ministrada no Congresso da Felicidade, 2018, Curitiba. Disponível em: <https://www.youtube.com/watch?v=tTl_GdZQcF0>. Acesso em: 17 de ago. de 2019.

DILTS, Robert, HALLBOM, Tim, SMITH, Suzi. *Crenças: caminhos para saúde e bem-estar.* Trad. Heloisa Martins Costa. São Paulo: Summus,1993.

WALDINGER, Robert. *The good life.* Disponível em: <https://www.youtube.com/watch?v=q-7zAkwAOYg&list=PLTayxRqCt6ELOQ1ffGljG7yoV82iVve_g&index=1>. Acesso em: 17 de ago. de 2019.

Capítulo 11

Você quer alcançar sucesso profissional?

Jonathan dos Santos Silva

Muitas pessoas buscam o sucesso profissional, mas nem sempre sabem como conquistá-lo. O *coaching* orienta por meio de pilares, ajuda a encontrar seu propósito, a ser o protagonista de sua história e a trilhar o caminho sendo resiliente perante as adversidades.

Jonathan dos Santos Silva

Consultor de treinamento e desenvolvimento na área de educação corporativa, graduado em Administração de Empresas, PEC-FGV em varejo, MBA em Gestão de Negócios e Inteligência de Mercado pela FIA-SP, formado em *People Analytics* pela FIA-SP, *coach* executivo e *business* pela Sociedade Brasileira de Coaching, responsável pela academia de liderança da maior empresa de varejo farmacêutico do Brasil. Mais de 10 anos desenvolvendo profissionais em *soft* e *hard skills*, palestrante e consultor de lideranças. Criação de programas de liderança com *design* instrucional e metodologias ativas de sala de aula. Criação e validação de *storyboards* de cursos de ensino a distância. Mais de 224.000 horas x aluno de experiência. Entusiasta pelo estudo do comportamento humano e desenvolvimento de pessoas. Acredito que, ajudando a transformar positivamente a vidas das pessoas, juntos podemos transformar o mundo.

Contatos
Jonathan.slearn@gmail.com
Facebook: Jonathan Santos Silva
Instagram: Jonathan._.dss
(11) 94123-4670

Introdução

Com mais de dez anos trabalhando na área de treinamento e desenvolvimento, tive a oportunidade de acompanhar e participar do crescimento profissional de mais de 10.000 funcionários. Durante esse tempo, presenciei muitas experiências: alguns a conquista do primeiro emprego; outros, uma nova oportunidade. Vivenciei o esforço e dedicação para alcançar a primeira promoção, a felicidade pelo reconhecimento, pessoas que conseguiram crescer assumindo o cargo de liderança e mais, aqueles que se tornaram líder de líderes. Profissionais que construíram uma sólida *performance* e reputação inquestionável.

Durante esse período, uma pergunta sempre me acompanhou: por que existem profissionais que se destacam, aqueles que, se analisados em um mesmo cenário, são incansáveis pela busca de crescimento e aperfeiçoamento? O que os destaca perante os demais? Por que mesmo em meio à crise usam os problemas como oportunidades para se desenvolver?

Essa experiência, somada às minhas pesquisas e trabalhos, me mostrou um padrão de três fatores comuns a esses profissionais, sendo assim, este artigo tem como objetivo apresentar três pilares importantes para obter sucesso e realização profissional.

Propósito

É fato que sucesso profissional hoje vai muito além de recompensa financeira, é indispensável ter paixão pelo que faz, ter brilho nos olhos, se envolver com as atividades rotineiras a ponto de perder a noção do tempo ou até mesmo esquecer que o trabalho é uma obrigação. Tudo isso é muito gratificante, trabalhar com algo que o realize e ter a sensação de estar fazendo algo melhor e maior para o mundo, todavia isso só é possível se for ao encontro do propósito.

Em seu livro, *Comece pelo porquê*, Simon Sinek fala sobre a importância de iniciarmos uma jornada buscando internamente o propósito, pois, muitas vezes, a prioridade é *o que* é feito e *o como* é feito, mas deixam de lado o motivo pelo qual estão nessa caminhada, qual é o objetivo e até onde pretendem chegar. Sem um propósito o trabalho fica sem sentido, "ganhar dinheiro" se torna cansativo e desgastante.

No ambiente de trabalho ou nas atividades realizadas diariamente por profissionais de variadas áreas, nota-se que quando há um propósito, harmonia e sentido em cada gesto do profissional, saber o porquê de estar realizando determinada atividade tem como consequência um trabalho com qualidade, compromisso e constância.

Imagine três pedreiros que, trabalhando juntos em uma determinada obra, são questionados sobre o que estão fazendo, um deles responde "estou construindo um muro", o segundo responde "estou construindo uma igreja " e o terceiro, por fim, finaliza dizendo "estou construindo uma ponte entre o homem e Deus, para que esse possa encontrar paz e sabedoria". Observando as respostas dos três construtores, qual você acredita que tem mais motivação para se dedicar à tarefa? Note que não se trata de quem fará tecnicamente o melhor trabalho, mas de quem está de fato envolvido com a sua tarefa e irá fazer o seu melhor. Com esse exemplo, fica fácil de perceber o quanto o propósito dá sentido às atividades.

O propósito norteia o caminho a ser trilhado, orienta na tomada de decisão, distingue os caminhos a serem trilhados dos caminhos que devem ser desviados, por fim, é essencial para alcançar o objetivo.

Jim Collins, em seu livro *Empresas feitas para vencer*, fala que empresas com resultado de longa durabilidade apresentam três fatores que ajudam a determinar o seu sucesso: exercem uma atividade na qual podem ser as melhores; essas atividades trazem retorno financeiro e são *apaixonadas* pelo que fazem.

É fácil lembrar-se de nomes que marcaram a história e observar que eles tinham um propósito, sendo possível permanecer firmes nas suas trajetórias, como Martin Luther King e Mahatma Gandhi. Essas pessoas passaram por momentos difíceis e árduos, mas seguiram suas crenças, tiveram foco e constância nos objetivos, resultando no sucesso da jornada.

Na primeira vez que me perguntei qual era o meu propósito não soube responder, e na minha caminhada com diversos profissionais percebo que essa dificuldade não é apenas minha; sempre que pergunto para alguém qual é o seu propósito, raramente tenho uma resposta imediata, normalmente as pessoas ficam confusas com o questionamento. Em meus treinamentos, quando abordo essa pauta, é emocionante, porque ajuda a olhar para dentro de si, procurar uma resposta no âmago. Alguns podem chegar à conclusão de que são infelizes no seu trabalho, justamente porque não fazem aquilo pelo qual realmente são apaixonados, outros percebem por que são tão felizes.

Protagonismo

Escuto muitas respostas de que para ter sucesso profissional é necessário ter atitude, determinação, fazer acontecer, tomar iniciativa, disciplina para seguir em frente, ação. Esse conjunto de respostas podem ser agrupadas no que eu chamo de *Protagonismo* – protagonista é o papel principal de uma obra literária, o centro da história é concentrado nele. Pense no seu filme favorito ou aquele livro que você leu várias vezes. Qual era a personagem principal? Como a história teve um desfecho por meio das atitudes e realizações dele? Na vida não é diferente, a nossa vida é o palco no qual você é a personagem principal da sua história. Propósito sem atitude não tem valor, fica engavetado.

De fato, ter atitude é um dos fatores mais relevantes para se ter sucesso na vida profissional, porém é a pedra nos sapatos que normalmente impede de seguir em frente. Muitas pessoas estão sentadas na plateia do próprio palco de sua vida e outras estão sendo protagonistas nos seus lugares. Lembre-se, o seu propósito é só seu, sendo assim, ninguém mais vai lutar para realizá-lo.

Ser protagonista é assumir a responsabilidade pelos seus objetivos, ou seja, entender que conseguir o que almeja, realizar um sonho, depende apenas de você e não de terceiros. Mesmo assim, é comum ouvir frases como "eu teria conseguido se não fosse a educação que tive", "se eu tivesse um gerente melhor eu conseguiria", "não tenho tempo para fazer algo novo", frases essas que isentam da responsabilidade ou da culpa e o distanciam da realização dos seus objetivos.

Os profissionais de sucesso têm uma capacidade de se adaptar às mudanças, entendendo a necessidade para determinada situação, buscam a solução e se perguntam: "O que eu posso fazer para chegar aos objetivos?", "Que comportamentos devo abandonar?", "Quais comportamentos devo manter?", "Quais companhias me agregam?". Com esses questionamentos, procuram respostas para estar sempre em busca de crescimento e aperfeiçoamento.

Costumo propor em meus treinamentos: "Voltem em sua imaginação para cinco, dez anos atrás. Lembrem-se dos sonhos que vocês tinham, dos desejos que queriam realizar, das aventuras que gostariam de ter, das emoções que desejariam vivenciar. Agora voltem ao presente e respondam: 'Vocês conseguiram realizar tudo aquilo que esperavam?'". Nesse momento, vejo na expressão facial de muitas pessoas a frustração. Em seguida, pergunto: "Como vocês querem viver os seus, cinco, dez próximos anos?". Indago novamente, "da mesma forma?". Mudar o futuro depende de ações realizadas no presente, logo, você decide o futuro que deseja criar.

Nunca é tarde para mudar, você pode começar a viver aquilo que sempre sonhou, mas é necessário ter um plano e principalmente ação para correr atrás dos seus objetivos.

No *coaching* executivo, os resultados da mudança de comportamento costumam aparecer de forma imediata, pois fazem com que o profissional reflita sobre aquilo que é necessário mudar, o que deve ser feito e logo se torna visível a mudança nos resultados da equipe, nota-se melhoria na *performance*, aumento de lucros e resultados.

Marshall Goldsmith, no livro *O efeito gatilho*, diz que o ambiente é crucial para interferir no nosso comportamento, sendo assim é necessário alterá-lo e ter disciplina para não cair em procrastinação.

Relevância

Sabendo primeiramente qual é o seu propósito e, depois, entendendo que só você é responsável pela realização dos seus sonhos, é imprescindível ser relevante naquilo que quer alcançar. Ser relevante é obter as competências técnicas e comportamentais necessárias para chegar aos seus objetivos.

Habilidade no ambiente de trabalho são as *hard* e *soft skills*: a primeira, *hard skills*, são competências técnicas que você adquire com a formação específica em determinada área, como medicina, direito, engenharia; a segunda, *soft skills*, são as habilidades comportamentais necessárias ao ambiente de trabalho.

As duas são extremamente necessárias, por exemplo, um ótimo administrador que não sabe se comunicar com a sua equipe de forma correta, provavelmente terá dificuldade para transmitir as informações necessárias, deixando a busca pelo resultado mais onerosa.

Com o avanço da tecnologia, muitos empregos deixarão de existir e novos serão criados. Isso significa que muitos trabalhos que hoje necessitam de *hard skills* podem futuramente desaparecer, pois a inteligência artificial pode suprir de forma mais produtiva e mais rápida que o ser humano, assim as *soft skills* serão cada vez mais necessárias.

De acordo com o Fórum Mundial de Economia, as habilidades que devemos desenvolver são: pensamento crítico, criatividade, coordenação, negociação, inteligência emocional, resolução de problemas complexos, tomada de decisões, flexibilidade cognitiva, orientação para servir e gestão de pessoas.

Em seu livro *Agilidade emocional*, Carol David nos mostra que ter autoconhecimento das emoções é fundamental para uma vida saudável. Ruminar o sentimento, vivenciá-lo repetidamente, nos deixa presos ao passado, ansiosos pelo futuro, esquecendo de viver o presente. Já reprimir uma emoção, em contrapartida, é submergir um sentimento existente que mais dia ou menos dia pode emergir, por não ter sido tratado. Aceitar suas condições emocionais e aprender a conviver com elas pode fazer uma grande diferença para se obter sucesso profissional, considerando o crescimento da competitividade e as mudanças abruptas de cenários presentes nas empresas hoje.

Além de agilidade emocional, outra habilidade relevante para se ter sucesso profissional é possuir uma comunicação não violenta, saber trabalhar em equipe é fundamental, mas para isso é indispensável saber se comunicar com as pessoas e extrair delas o melhor por meio, principalmente, da comunicação. Marshall B. Rosemberg, em seu livro *Comunicação não violenta*, mostra que por intermédio da comunicação podemos criar um ambiente de trabalho muito mais produtivo, criativo e desenvolvedor.

Além desses três fatores observados, existem outras variáveis que podem complementar de forma precisa o seu desenvolvimento. Denny Meyer, em seu livro *Hospitalidade e negócios*, nos conta a sua trajetória profissional e aborda que ele possui muitos pontos cegos em habilidades técnicas e gerenciais, mas que procura se cercar de profissionais altamente qualificados para ajudá-lo a superar problemas, ou seja, pessoas que focam na solução e não no problema, assim pode aumentar a sua qualidade de gestão e de *performance*.

Conclusão

Com este artigo, consegui trazer o conceito dos três pilares que podem auxiliá-lo no processo para sucesso e realização profissional. Ter propósito, protagonismo e relevância faz a diferença entre os profissionais. Dominar esses pilares os torna incansáveis pela busca de melhoria contínua e satisfação com o trabalho, ou como diz o filósofo Confúcio: *"Escolha um trabalho que você ama e não terá que trabalhar um dia sequer na vida"*.

Em que o *coaching* pode ajudá-lo?

O *coaching* é um processo transformador que ajuda o *coachee* a ter um olhar interno em busca de autoconhecimento, respostas para conseguir alcançar os seus objetivos por meio de perguntas e estratégias que o levam à ação.

O *coach* executivo possui ferramentas importantes para trabalhar os três pilares descritos. Em um processo de desenvolvimento contínuo, o *coachee* é levado a refletir sobre seu propósito, valores, objetivos, autorresponsabilidade pela transformação da sua vida, cenário atual, criar estratégias para alcançar os objetivos e levar à ação, abandono de comportamentos sabotadores, criação de comportamentos fortalecedores e mudança de estratégia quando for necessário.

Carol Dweck, em seu livro *Mindset: a nova psicologia do sucesso*, com suas amplas pesquisas, nos mostra que se fortalecermos o nosso *mindset* de crescimento não haverá barreiras ao que podemos aprender. Logo, esteja com a mente aberta para aceitar novos desafios, não desistir e superá-los por meio da dedicação, esforço e comprometimento.

Para finalizar, somos protagonistas de nossa história, obter sucesso depende exclusivamente de nós e das nossas atitudes, então, caro leitor, espero que este artigo o ajude a encontrar seu propósito e guiar o seu caminho.

Capítulo 12

Encontrando caminhos para redesenhar a vida pela comunicação

Joselita Gonçalves Sanchez

Com a necessidade de encontrar motivos para se ter vida melhor, para aproveitar os recursos dos valores ao nosso redor, aqui está uma visão da utilização do *design* para abordagem de mudanças por meio da comunicação, disciplina, ação e melhorias contínuas, agregando valores às pessoas. Momento de desenhar o agora e a solução desejada, explorar recursos aplicáveis e aproveitar oportunidades para vencer desafios.

Joselita Gonçalves Sanchez

Formada em Engenharia de Produção e estudos em *Design* de Produto, pós-graduação em Gestão de Projetos e cursos técnicos em Edificação e Eletrotécnica. Formação *Professional Coach Certification* pela SLAC – Sociedade Latino Americana de Coaching e participação em diversos eventos como *Profissão Coaching Produtividade, Escolha sua Vida, Experts Academy, Polozi Coaching, Ultrapassando os Limites, Mastermind*, MBI. Muitos anos entre indústrias, trabalhando com materiais, novos produtos, desenhos de: chicotes elétricos, levantamentos topográficos, *layouts*, edificações e acompanhamento em órgãos certificadores. Atuou 17 anos como Engenheira de Produção e Material Master SAP em uma empresa do agronegócio, buscando aprendizados por meio do *coaching* e atualmente com Consultoria em SAP - Sistemas, Aplicativos para processamento de dados, módulos Funcional MM - Management Material e PP - Planning Material.

Contato
jogosanchez@gmail.com

> "Aplica à disciplina o teu coração e os teus
> ouvidos às palavras do conhecimento."
> **Provérbios 23.12**

A comunicação é fundamental, principalmente para encontrar soluções com os recursos pessoais, pontos de equilíbrio, e isso gerou em mim o entusiasmo de aprender e contribuir com as pessoas.

Certo dia entrei em um consultório, em um posto médico com a minha mãe. Estava bastante preocupada com ela havia muitos dias, nunca antes vi minha mãe chorar, sempre foi uma pessoa muito forte e dedicada a cuidar dos filhos, mas estava passando por momentos de depressão, após ter perdido o único irmão com quem tinha contato. Nesse dia, após ajudá-la a sentar na cadeira, e também me sentar ao lado dela, vejo na nossa frente o médico pronto para atendê-la. Ele estava chorando muito e, eu pensei, como esse médico vai ajudar a minha mãe, não poderia assustá-la ainda mais? Perguntei, então, ao médico: "Doutor, o que está acontecendo?", queria ouvi-lo, mas estava preocupada com o que ele ia dizer por minha mãe estar ao lado. Então ele, naquele momento delicado, respirou fundo, enxugou as lágrimas, comunicou-se consigo mesmo, mudou seus pensamentos e se recompôs, com certeza focou no momento e, olhando para minha mãe com muito amor, começou a atendê-la. Ouviu o que tínhamos a dizer sobre o estado da minha mãe, conversou e deu a maior força; disse a ela que ia ficar tudo bem, recomendou que cuidasse aos poucos das tarefas de casa e, com todo carinho, deixou minha mãe, Benedita, bem confortável, com suas lindas palavras de motivação. Minha mãe saiu de lá com um ar alegre, até preocupada com ele, e agradeceu. Ele nos acompanhou até o balcão da recepção e eu, toda atenta, tentei entender o que se passava, mas não tive resposta. Somente ouvi um comentário do médico com a moça da recepção, dizendo: "Ela lembra minha mãe". No retorno da consulta, não pude ir com minha mãe, minha irmã foi e ele a chamou de lado e lhe contou que na consulta passada chorou porque sua mãe havia falecido 20 minutos antes de atender a minha. Ele soube por telefone e não tinha condições de ir ao funeral, era longe – ela estava em Cuba, então decidiu focar e atender as pessoas da melhor forma, mesmo no estado de choque em que eu estava. E isso está sempre na minha cabeça, como um legado deixado por ele, uma fonte de inspiração para ajudar as pessoas, a comunicação dele conosco, naquele momento, pensou e ouviu a minha mãe, sem contar o que aconteceu. Naquele dia, ele poderia ter ido para sua casa aqui no Brasil e ficar chorando lá, mas ficou e foi extraordinário com minha mãe e, possivelmente, com outros pacientes, minha eterna consideração por ele, um herói para mim e espero, que onde estiver, esteja bem. Tenho muita gratidão pela atitude dele naquele dia e por seu atendimento a minha mãe em vários outros dias antes do retorno dele ao seu país.

Com isso, o sentido da citação do livro *O poder do agora*, de Eckhart Tolle: Por que o agora é a coisa mais importante que existe? Primeiramente, porque é a única coisa, é tudo o que existe. O eterno presente é o espaço dentro do qual se desenvolve toda a nossa vida, o único fator que permanece constante. A vida é agora. Nunca houve uma época em que a nossa vida não fosse agora, nem haverá. Em segundo lugar, o agora é o único ponto que pode nos conduzir para além das fronteiras limitadas da mente.

O *coaching* com as ferramentas agrega aspectos sobre como se comunicar consigo mesmo no agora, para visualizar os caminhos de onde se está até aonde se quer chegar.

A percepção gerada por meio da influência das perguntas de *coaching,* referente às necessidades do autoconhecimento e da comunicação, é um fator essencial para obter os resultados esperados ou superados em um processo com pessoas. Com a possibilidade de encontrar, entre os labirintos da vida, uma lanterna mágica ao caminho de prosperidade, como no livro *Líder com mente de mestre*, em que os autores Júlio Roberto de Oliveira e Jamil Albuquerque contam que um velho sábio foi procurado por um homem porque seus negócios iam de mal a pior. O sábio ouviu o que o homem tinha a dizer e lhe entregou uma lanterna, e disse que voltasse depois de um ano para dizer como estariam os negócios. E como comunicação, um simples objeto, a lanterna, mas utilizada com visualização mágica de oportunidades, serviu para trazer ao homem a clareza de como poderia analisar o dia a dia dos seus processos na empresa, o que poderia melhorar, e o homem voltou agradecido para contar os benefícios alcançados.

A comunicação sendo vista por meio do *design* é também voltar ao tempo das pinturas rupestres que nos mostram hoje pensamentos dos humanos no passado. E, com isso, as influências das palavras, gestos, corpo entre as pessoas e em si mesmo, afetando a imaginação e as vibrações por intermédio do *rapport* e da empatia. O autor Napoleon Hill em *A Lei do triunfo* diz: quando um orador sente que o auditório está em *rapport* com ele, não faz mais do que reconhecer o fato de que o seu entusiasmo influenciou os assistentes, a ponto de todas as mentes vibrarem em harmonia com a sua. Essa é também a harmonia entre um vendedor e seu cliente.

A utilização da metodologia *design thinking* em conjunto com o *coaching* serve de alavanca para a virada no desenvolvimento pessoal ou de produto ou serviço, agregando nos resultados por comunicação direta ou meios visuais e emocionais. Por meio desse processo, os mínimos detalhes são visualizados com mais clareza, funcionando como abordagem poderosa para enxergar recursos próprios ou onde esses recursos se encontram.

O processo ajuda a refletir sobre a essência em áreas pessoais, mercados e comunidades, analisar as necessidades, explorar possibilidades pela explanação de ideias em mapa mental, em que as informações sobre determinada meta são detalhadas. Assim, novas ideias irão fluir, descobertas inesperadas surgirão e deve-se agir passo a passo, utilizando fontes como: inspiração, idealização, colaboração e experimentação. É necessário muito foco, disciplina e organização – momento em que entra a comunicação para que os planos sejam agrupados, definidos e colocados em prática para atingir a meta final e aproveitar aprendizados para o dia a dia.

A ferramenta Mapa Mental foi criada por Tony Busan como uma maneira de aprender mais e de forma mais ágil, conforme citado por Alberto Dell´Isola (2012).

Percebi que a aplicação desses recursos em mim mesma me ajudou muito: sempre fui uma pessoa muito técnica, sempre bastante concentrada em meus trabalhos em determinado espaço, gerei resultados eficientes que, muitas vezes, me deixaram feliz, mas nem sempre eu sabia se havia realizado o meu melhor e se poderia fazer mais.

Certo dia, um CEO me disse que os meus talentos precisavam ser mais destacados por mim, que eu precisava expor mais minhas ideias de um modo geral e isso martelava sempre em minha cabeça. Comecei, aos poucos, a buscar novos conhecimentos, como *coaching*, aulas de teatro, *yoga*, exercícios funcionais e meditação, e estar próxima de pessoas que também queriam mudar. Hoje, percebo quantas outras pessoas, por não saberem o quanto é possível fazer uma virada na vida, abandonam sonhos não realizados, mas, felizmente, podem ser influenciadas a buscar melhorias contínuas com seus próprios recursos.

Comunicar-se como forma de ressignificar os momentos com palavras ou atitudes positivas, mudar os pensamentos como a arte de se alegrar com pequenos detalhes e dar foco à melhoria em diversas áreas da vida como: pessoal (saúde, desenvolvimento intelectual, equilíbrio emocional); profissional (realização e propósito, recursos financeiros, contribuição social); relacionamentos (família, desenvolvimento amoroso, vida social); qualidade de vida (criatividade, *hobbies* e diversão, plenitude e felicidade, espiritualidade). A melhora de uma dessas áreas influencia as demais para mudanças significativas, com amplo aproveitamento de seus valores e a natureza, gerando prosperidade com sentimentos de bem-estar, como as palavras de Hamlet Lima Quintana, citada por Álex Rovira no livro *A boa vida*:

> Há gente que só de dizer uma palavra ascende à ilusão e aos roseirais; que só de sorrir com os olhos nos convida a viajar por outras regiões, nos faz perceber toda a magia. Há gente que só de dar a mão rompe a solidão, põe a mesa, serve o cozido, coloca as grinaldas, que só de empunhar um violão faz a harmonia "doméstica". Há gente que só de abrir a boca chega aos limites da alma, alimenta uma flor, inventa sonhos, faz cantar o vinho nas jarras, como se tudo fosse natural. E você se vai de namoro com a vida desterrando uma morte solitária, pois sabe que na virada da esquina há gente que é assim, tão necessária.

A necessidade de sair de uma zona de conforto precisa de muita determinação e ter em mente que sempre é possível inovar e encontrar oportunidades.

Para obter resultados com o *design thinking,* pessoalmente é como fazer o seu protótipo por meio de experimentações de mudanças e pensamentos, é necessário refletir sobre seu estado atual e visualizar o estado futuro, o que quer de mudança, ou qual será o novo produto ou novo você, quais são as mudanças tangíveis e como esse processo ocorrerá e quais os recursos a utilizar.

Os estudos de reconhecimento de padrões, pontos fortes, pontos fracos e os pontos a serem atingidos com o autoconhecimento influenciarão nos resultados esperados.

Quanto mais foco no maior valor, que é a comunicação eficaz, maiores serão as fontes de geração de resultados e, para isso, é muito importante estar no momento presente, realizar novas experimentações, mudanças e imaginar o resultado por meio de simulações ou visualizações, e buscar as diversas informações referentes à necessidade ou responder às perguntas feitas por Napoleon Hill: "Nunca lhe deram oportunidade? Mas você já pensou em criá-las por si próprio?".

As grandes oportunidades podem estar mais próximas quando visualizadas antes de realizadas e dependem de nossas escolhas, é necessária uma preparação ou, melhor, uma pré-ação e, após o primeiro passo, as seguintes possibilidades, se buscarmos, aparecerão. E com planejamento, foco, aprendizado contínuo, repetição de bons hábitos, determinação, redesenhando sempre para, a cada passo, chegar mais próximo da realização dos sonhos e ser grato a cada conquista.

Compete a cada um desenhar como será o futuro, haverá algo que é destino, mas há partes que podem ser moldadas, que seja de grandes conquistas e prosperidades, realidade definida no momento presente, por meio de modelos mentalizados, e aproveitar o máximo do tempo, como privilégio de fazer viver. O passado serviu para chegar aonde está, o presente é a definição do amanhã.

Capítulo 13

Vendedor coach: transformando pessoas comuns em vendedores extraordinários

Juliano Cardoso

Idealizar, visualizar, satisfazendo as necessidades e desejos de clientes, construindo caminhos e soluções aos seus objetivos.

Juliano Cardoso

Master coach, master em PNL, *salesman coach* e consultor empresarial com experiência de 25 anos como vendedor, tendo uma grande experiência e *know-how* de 20 anos em vendas diretas pela Serasa Experian e Connect S/A. CEO da Consultive Soluções e do Instituto Coach. Graduado em Processos Gerenciais FGV-RJ, com MBA em Administração de Empresas com Ênfase em Gestão pela FGV-RJ. *Coach* membro da Sociedade Latino-Americana de Coaching (SLAC). *Life coaching* (vida e carreira) pela International Association of Coaching Institutes. Formado como *coach* executivo, líder *coach*, *master* em PNL e *master coach* pela Ebra – Escola Brasileira de Coaching. Líder *coach* e *trainee* do programa Atuação Coaching de São Paulo, no ES e em todo o Brasil para líderes e gestores. *Trainee*, analista comportamental DISC pela HR Tools e idealizador do curso Vendedor *coach* e a venda idealizada. Ministra palestras, cursos *in company* e abertos nas áreas de liderança, vendas, e atendimento, além de sessões individuais e em grupos de *coaching* e em empresas.

Contatos
www.institutocoach.com.br
www.julianocardosocoach.com.br
institutocoach@consultivesolucoes.com.br
Instagram: julianocardosocoach
Facebook: julianocardosocoach
(28) 3036-5717

O pensamento nos conduz a ver ou a imaginar aquilo que tanto queremos, capacita-nos a sentir a alegria da conquista ou a tristeza da derrota. Podemos visualizar, idealizar e ouvir a voz da pessoa que queremos e essa pessoa pode dizer o que esperamos, além disso, podemos ouvir os aplausos, os gritos, quem sabe aquela voz tão singela, porém profunda, dizendo...

Nossos pensamentos são muito importantes. Os pensamentos guiam as ações. Quando focamos nossos pensamentos em atitudes nobres, agradamos a nossa própria essência.

Por outro lado, existe o nosso ambiente de trabalho e/ou familiar, nossas metas, nossos objetivos, nossas dores, necessidades e desejos, o nosso comportamento em determinada situação, a nossa capacidade de realizar as tarefas diárias, a nossa busca em fazer com que desejos e necessidades andem juntos. Movemo-nos de acordo com aquilo que nos motiva ou travamos com aquilo que não nos permitimos. Muitas vezes, não sabemos quem somos ou temos a certeza daquilo que realmente somos dentro das nossas crenças e valores. Tudo isso se resume a uma palavra: "eu".

Portanto, entre o "pensamento" e o "eu" existe um caminho, que, para uns, pode ser longo e, para outros, curto; para muitos, difícil e, para alguns, fácil; para muitos, impossível. Mas não importa onde nos enquadramos nesse jogo de palavras, o que é certo é que existe um caminho!

O "pensar" nos concede asas para mover o mundo e raízes para nos aprofundar na realidade.

Nesse universo entre o "pensamento", o "eu, sua missão", metas e objetivos para satisfazer nossas necessidades e desejos, podemos contar com o *coach* que, com perguntas intencionais e uma escuta atenta, pode nos apoiar a trilhar melhor e de forma mais rápida esse caminho.

O modelo atual das vendas está baseado no vendedor convencer o cliente a comprar, comprar, comprar, sem entender o real significado do que seria a arte de vender e a importância do seu papel no mundo dos negócios.

Alguns pensamentos baseiam-se em que o vendedor precisa ter foco no resultado e não se importar com as necessidades do cliente e suas dores, outros acreditam que um vendedor não pensa no amanhã, ele faz hoje, não espera, pois precisa de receita e bater a meta da empresa.

Para entendermos como podemos ser um vendedor *coach*, precisamos entender o que seria a metodologia *coaching*.

O *coaching* não é terapia, porém é terapêutico! A terapia trabalha com questões e problemas do passado da pessoa que a impedem de se desenvolver normalmente no cotidiano. Já o *coaching* não analisa as razões passadas que constroem o presente. *Coaching* é terapêutico, pois proporciona ao cliente estado emocional positivo.

Também não é consultoria, uma vez que essa faz um diagnóstico e avaliações com vistas a um aconselhamento e interferência direta baseada na *expertise* do consultor. E *coaching* também não se enquadra como mentoria, uma vez que está pautada na experiência do mentor, que oferece caminhos e soluções mais adequados para se resolver uma questão do mentorado.

Todas as metodologias e processos citados, dentre outros, são muito importantes e válidos; o essencial é entender a aplicabilidade de cada um e saber qual o momento ideal para se utilizar cada metodologia. O *coaching*, para mim, é a arte de fazer perguntas certas, por meio de uma escuta atenta, capaz de gerar elevados e progressivos níveis de consciência e responsabilidade no indivíduo, possibilitando a ele que experimente melhores *performances* no dia a dia ao alcance de suas metas e objetivos de vida.

Escuta atenta e a pergunta intencional

Duas das características mais importantes de um vendedor *coach* são a escuta atenta e a pergunta intencional.

Segundo Peter Senge, "escutar significa prestar atenção ao que está sendo dito por trás das palavras. Você escuta não somente a 'melodia', mas a essência da pessoa falando. Você escuta não somente porque alguém sabe algo, mas porque alguém é o que é, e, assim, escutar por trás das palavras os significados que lá estão".

Para John Powell, "em um diálogo, escutar é mais do que ouvir os significados das palavras...". Na verdadeira escuta atenta, ver por meio das palavras e encontrar a pessoa que está se revelando nelas, suas dores, necessidades e desejos.

De acordo com James C. Hunter, "há quatro maneiras essenciais de nos comunicarmos com os outros – ler, escrever, falar e escutar. As estatísticas mostram que, na comunicação, uma pessoa gasta em média 65% do tempo escutando, 20% falando, 9% lendo e 6% escrevendo. No entanto, somos treinados a ler e escrever, e não somos estimulados à prática de escutar".

Portanto, o vendedor *coach* precisa desenvolver a habilidade da escuta atenta, escutar com propósito e atenção, escutar o que está por trás das palavras ditas pelos seus clientes e seu real significado.

Provavelmente você já ouviu a seguinte frase: são as perguntas que movem o mundo e não as respostas. As perguntas possuem a finalidade de gerar desenvolvimento, pois cada ser humano tem um potencial dentro de si, cada um tem uma habilidade futura, uma vocação oculta, possui dons e talentos, mas que muitas vezes estão escondidos, precisam ser descobertos.

A pergunta intencional fomenta a autoconsciência, a autodescoberta, facilita o pensamento, a resolução de problemas, a identificação de necessidades a serem atendidas, a criatividade em busca de soluções, reconhece o potencial de cada cliente, ajusta o foco, estabelece metas, desafia pressupostos e modelos mentais e faz com que o cliente e o vendedor *coach* avancem em busca de seus objetivos, necessidades e desejos.

O vendedor *coach* tem a facilidade de apoiar o cliente e entender a sua dor, suas necessidades e desejos e, por meio de uma escuta atenta e da pergunta intencional, conduzir a conversa e todo o processo de vendas com foco na solução do problema e não no problema em si antes apresentado pelo cliente, seu produto ou serviço.

Ao identificar a dor e as necessidades do cliente, o vendedor *coach* faz perguntas capazes de expandir a percepção a respeito da dor ou necessidade, o que ela tem deixado de negativo ou positivo na sua vida ou empresa, e o quanto encontrar a solução para aquele problema ou necessidade é importante e estratégico para seus negócios e até mesmo para sua vida. Dessa forma, o cliente terá uma visão ampla de seu estado atual e terá uma visão detalhada do estado desejado.

Nesse processo, o vendedor *coach* estabelece uma relação de confiança e de "ganha-ganha", colocando o cliente e suas necessidades como foco principal e essenciais para chegar ao êxito da venda e do negócio.

Ainda sobre o processo, ele tem como base ferramentas que procuram descobrir e revelar qual é o melhor caminho a seguir e quais as decisões saudáveis a tomar.

A metodologia é capaz de identificar e investigar o estado atual do cliente, desenvolver um planejamento estratégico, estabelecer o foco nas principais etapas, gerar aproximação entre vendedor e cliente, levantar as necessidades, dores, incentivar o diálogo, zerar objeções após a descoberta das necessidades e desejos, alinhar todas as informações, conhecimentos e soluções encontradas e conduzir ao melhor resultado para o cliente.

O processo e a metodologia proporcionam um modelo de diálogo estruturado e intencional que potencializará todo o processo de venda, a produtividade dos vendedores, utilizando como base a metodologia *coaching*, que é saber fazer perguntas intencionais e ter uma escuta atenta capaz de identificar as necessidades e desejos do seu cliente que precisam ser atendidos.

O processo *Action Vendas* possui sete etapas:

1 - Avaliar qual o propósito do cliente, as necessidades e desejos que precisam ser atendidos, dele ou da sua empresa.

O vendedor *coach* deve estabelecer *rapport*, qual é o objetivo de sua presença e, por meio de perguntas intencionais e uma escuta atenta, fazer com que seu cliente entenda qual seu objetivo e o foco que deve seguir e identificar para garantir os passos corretos no processo da venda e na satisfação de suas necessidades e desejos. Facilitar o entendimento de seu cliente, fazendo-o identificar quais suas dores, suas necessidades e desejos que precisam ser atendidos para atingir seu objetivo e meta. Avaliar o estado do seu cliente, onde se encontra em relação ao seu propósito, próximo ou distante, e qual o melhor caminho a seguir.

2 – Criar as possibilidades dentro do propósito das necessidades e desejos que precisam ser atendidos dos seus clientes ou sua empresa.

A metodologia é uma postura *coach* que irá auxiliar o vendedor a extrair *insights* de seus clientes, fazendo com que eles explorem todas as alternativas possíveis dentro do seu propósito para alcançar seus objetivos. Questionar o cliente para entender quais são as alternativas para estar mais próximo de seu propósito. Inspirar a pensar de forma diferente sobre todas as possibilidades e incentivar o entendimento de quais serão as consequências de cada ação. Identificar quais são os fatores motivadores, entender quais são as crenças limitantes e os valores que o motivam e fazer o levantamento de recursos que o cliente possui e dos que ainda necessita, o que e como você, seus produtos e serviços podem contribuir para ele atingir seus objetivos propostos.

3 - Transformar o propósito em ações para atingir e satisfazer as necessidades e desejos que precisam ser atendidos dos seus clientes ou sua empresa.

Após identificar qual o propósito, objetivo e as necessidades que precisam ser atendidas, é a hora de agir. Incentivar o cliente a elaborar um plano de ação concreto, atraente e realista que o auxiliará a ter atitudes que contribuirão para estar cada vez mais confiante e próximo de sua meta.

Focar na solução e não no problema e transformar *insights* em soluções e ações concretas alinhadas com as soluções encontradas pelo próprio cliente e com seus produtos e serviços oferecidos. Estabelecer com o cliente uma parceria "ganha-ganha" e realista capaz de incentivar todos os envolvidos com o comprometimento do propósito do cliente e com as ações e a solução encontrada.

4 – Identificar as barreiras no propósito das necessidades e desejos que precisam ser atendidos dos seus clientes ou sua empresa.

O vendedor *coach* deve identificar e explorar quais as possíveis barreiras que podem aparecer no processo de negociação e no fechamento da venda e elaborar alternativas que já inviabilizem essas barreiras antes de elas aparecerem e, caso aconteçam, ele esteja preparado.

5 – Otimizar o desempenho das necessidades e desejos que precisam ser atendidos dos seus clientes ou sua empresa.

O bom vendedor *coach* é aquele que desenvolve seus processos de vendas para que todos consigam alcançar seus resultados e objetivos mais representativos o mais rápido possível, que atua sempre em busca da excelência e nas necessidades e desejos dos seus clientes. Para isso, o vendedor *coach* deve se mostrar como ponto de apoio, um solucionador de problemas, um identificador de oportunidades, uma pessoa em que se possa confiar.

Reforçar as qualidades e as características dos seus produtos e serviços ou da solução escolhida pelo seu cliente para que ele se sinta seguro pela escolha.

6 - Nivelar o propósito e necessidades e desejos que precisam ser atendidos dos seus clientes ou sua empresa.

Uma das partes mais importantes e que não pode ser ignorada na etapa da venda é nivelar as necessidades de todos os envolvidos no processo de decisão e utilização dos produtos e serviços, que possibilitará o bom andamento e desenvolvimento dos envolvidos, é garantir que eles entendam o objetivo e todas as vantagens da parceria e solução encontrada, pois eles deverão confirmar se o objetivo foi atendido, caso não seja atendido e entendido, recapitular, para garantir que foram satisfeitas as necessidades e desejos dos envolvidos.

7 – Resultados do propósito das necessidades e desejos que precisam ser atendidos dos seus clientes ou sua empresa.

O vendedor *coach* deverá acompanhar a evolução da implantação

Coaching: a hora da virada vol. III

e das ações, e o que ele contribuiu com seu cliente em relação ao seu propósito e ao que foi entre vocês estabelecido, cumprindo tudo o que foi prometido, corrigindo qualquer falha durante o processo de implantação ou utilização do produto ou serviço. Ele precisa manter um relacionamento indireto e direto com seus clientes, por meio de ferramentas de comunicação diversas com informações pertinentes ao seu negócio, seus *hobbies*, gerando aproximação e confiança por meio de um pós-venda efetivo e personalizado.

Que vendedor você tem sido? Qual a sua missão? Qual o seu propósito?

Reconheça o potencial de cada cliente, ajuste o foco, estabeleça metas, desafie pressupostos e crie novos modelos mentais. Faça com que você e o cliente avancem em busca de seus propósitos, objetivos, desejos e necessidades. Satisfazer necessidades e desejos é o objetivo de todos e de qualquer profissional, assim como vender, ajudar e conduzir pessoas à satisfação de suas necessidades e desejos, por isso qualquer pessoa pode se transformar em um vendedor extraordinário.

Capítulo 14

Coaching com apoio da Psicologia Positiva

Leonardo Duncan

Após estudar sobre Psicologia Positiva, percebi que poderia utilizá-la em conjunto com a metodologia do processo de *coaching* para obter melhores resultados. Neste artigo, vou apresentar a você um pouco sobre a Psicologia Positiva.

Leonardo Duncan

Coach positivo. Membro da *International Coach Federation* (ICF). Certificação em *Personal* & *Professional Coach*, *Leader Coach* e Psicologia Positiva. Publicação do artigo *Valorizar quem faz parte da organização* na Revista ABRH Brasil (Associação Brasileira de Recursos Humanos Brasil). Analista de Sistemas, graduado pela Universidade Veiga de Almeida, MBA em Gerenciamento de Projetos pela Fundação Getulio Vargas, especialização em Gestão de Negócios – Fundação Dom Cabral.

Contato
leonardo.duncan@mentespositivas.com.br

Coaching nada mais é do que, por meio de uma metodologia, comprovadamente eficaz, fazer as perguntas certas para o *coachee* (cliente), para que ele possa ter sucesso nos seus objetivos. Quando somamos a essa metodologia a Psicologia Positiva, o sucesso tende a ficar menos doloroso e mais eficiente. Para entender melhor como a Psicologia Positiva pode apoiar o *coaching*, nas próximas páginas vou fornecer explicações.

A Psicologia Positiva surgiu em 1998 com o psicólogo Martin Seligman, que ficou conhecido como o "pai" da Psicologia Positiva. Ele resolveu criar a Psicologia Positiva e aplicar nos seus clientes para potencializar os pontos fortes dos mesmos. Com isso, além dele conseguir melhores resultados clinicamente no paciente, ele notou melhora no bem-estar deles.

Segundo Seligman, nossa vida é sustentada por cinco pilares. Com isso ele criou o modelo PERMA, que ficou conhecido como Teoria do Bem-Estar. São eles:

- P – Positive *emotions* (emoções positivas): responsáveis pelas sensações de alegria, prazer, paz, gratidão, entre outras;

- E – *Engagement* (engajamento): máximo de envolvimento em alguma atividade, ocupação ou trabalho;

- R – *Relationships* (relacionamentos): a quantidade e a qualidade das relações positivas que estabelecemos com os outros são a chave para gerar bem-estar;

- M – *Meaning* (sentido): estar conectado a algo maior nos impulsiona a viver uma vida melhor;

- A – *Accomplishment* (realização): cumprimento do seu objetivo ou meta de vida, com um propósito maior.

Atualmente a Psicologia Positiva é a disciplina mais procurada na Universidade de Harvard.

Psicologia Positiva não é autoajuda, nada contra quem a utiliza, mas, sim, um movimento científico que estuda as emoções, virtudes humanas, forças de caráter/forças pessoais/pontos fortes, permitindo ao indivíduo buscar uma melhor qualidade de vida e bem-estar. Utilizando as suas forças pessoais, você aumenta: sua criatividade; sua capacidade para resolver problemas e sua capacidade para tomar decisões, entre outras coisas.

Vantagem química das emoções positivas

A produção de dopamina (por meio de exercícios físicos) e serotonina faz bem para o seu cérebro:

- Cria e sustenta mais conexões neurais;
- Faz nos sentir bem;
- Organiza e mantém novas informações por mais tempo na memória;
- Maior habilidade de análise e solução de problemas;
- Pensar com mais rapidez e criatividade;

Segundo a estudiosa Barbara Fredrickson, precisamos ter três emoções positivas para nos elevar, para cada emoção negativa que nos arrasta para baixo. A maioria de nós tem duas para uma.

Flow

É um estado mental que ocorre quando estamos engajados ou trabalhando em uma meta baseada e alinhada com os nossos valores, quando não sentimos o tempo passar por estarmos envolvidos numa atividade prazerosa.

Autor da Teoria do *Flow*: Mihaly Csikszentmihalyi, psicólogo, Ph.D. pela Universidade de Chicago.

Uma meta precisa possuir as seguintes características:

- Específica: clara, detalhada;
- Mensurável: saber se a atingimos ou não;
- Alcançável: motivadora;
- Relevante: grau de importância;
- Temporal: com datas e prazos.

Empatia

É uma resposta emocional à dificuldade percebida de outra pessoa. Está direcionada à sensação de bondade. Ter empatia por alguém leva a uma maior probabilidade de ajudar o outro.

É caracterizada por ter foco em outro sujeito, diferente de si próprio. É o desejo em ajudar o outro de forma desinteressada. Tem relação ao grau de bem-estar que vai gerar:

- Aumento da autoestima;
- Identificação de sentido próprio;
- Aumento do bem-estar;
- Desenvolvimento da compaixão.

Gratidão

É um sentimento de lembrança e agradecimento por um bem recebido.

A gratidão eleva, inspira e energiza. Na Psicologia Positiva, a gratidão é reconhecida como componente crucial para a nossa felicidade. Ser grato aponta como uma das forças pessoais de maior impacto no nível de satisfação de vida.

Pessoas gratas atingem um nível de felicidade e, consequentemente, apresentam melhores resultados em seus trabalhos, possuem mais relações sociais e desenvolvem um sistema imunológico mais forte. Sendo assim, podemos dizer que ser grato seria um verdadeiro antídoto contra o *stress* diário, capaz de permitir sermos mais resilientes e ajudar na recuperação de doenças.

Espero que tenham gostado e entendido a importância da Psicologia Positiva no *coaching*.

Estarmos equilibrados mentalmente, fisicamente e emocionalmente é de extrema importância para alcançar os nossos objetivos.

"A lei da mente é implacável.
O que você pensa você cria;
O que você sente você atrai;
O que você acredita torna-se realidade".
(BUDA).

Teste: virtudes e suas forças pessoais

No *site* do VIA Institute on Character, você pode fazer um teste gratuito que lhe mostrará, ao final, um relatório com uma descrição das 24 forças pessoais. Ele dura aproximadamente 15 minutos. Acesse o link *https://bit.ly/2zbR1E8* e, com essa ferramenta, suas forças serão identificadas em ordem cronológica de peso para você, conforme o modelo da tabela a seguir.

Virtudes	Forças pessoais
Sabedoria	Criatividade Curiosidade Discernimento Gosto pela aprendizagem Perspectiva
Coragem	Bravura Perseverança Integridade Entusiasmo
Humanidade	Amor Bondade Inteligência social
Transcendência	Apreciação da beleza e excelência Gratidão Esperança Humor Espiritualidade
Temperança	Perdão e misericórdia Humildade e modéstia Prudência Controle
Justiça	Trabalho em equipe Imparcialidade Liderança

Capítulo 15

Seja você a hora da virada

Leticia Almeida

Seja o protagonista de sua história! Você pode assumir o controle de sua vida desenvolvendo autorresponsabilidade, prontidão para a mudança, criando um *mindset* de crescimento e boas atitudes. Contribuo aqui com algumas ferramentas que o aproximarão da grande mudança esperada.

Leticia Almeida

Fundadora do Imagine VC – um programa voltado ao desenvolvimento de carreira e profissão em todo o Brasil. Psicóloga, *personal*, *executive* e *business coach* pela Sociedade Brasileira de Coaching. Atuando por mais de 15 anos com recursos humanos e gestão de pessoas para grandes empresas, voltados ao mercado de Tecnologia de Informação. Possui *Alpha Assessment Certification* pela Worth Ethic Corporation – USA. Ampla experiência como treinadora de programas comportamentais no universo corporativo.

Contatos
www.imaginevc.com.br
leticia.almeida@imaginevc.com.br
(11) 95376-8489

Se este título chamou a sua atenção, posso pressupor que você está em busca de mudanças, de movimento, de resultados, de novos caminhos, de respostas, de ferramentas que o ajudarão a construir uma virada.

Permita-me perguntar, o que tem impedido você de ser a virada que vem buscando?

> Meu objetivo aqui não é atender às suas expectativas, se eu preencher suas expectativas eu nunca serei capaz de transformá-lo(a), eu gostaria de lhe dar um choque. E nessas experiências chocantes sua mente vai parar, você não será capaz de saber o que aconteceu e esse é o ponto onde algo novo entra em você. (Osho)

Minha proposta é contribuir para que você seja a mudança, a grande virada que espera e que encontre recursos para dar início a essa guinada.

Talvez deseje que eu aborde os temas a respeito de foco, objetivos e metas, mas você só será a mudança se estabelecer rotas, elaborar estratégias que mudem a sua direção, se mensurar resultados, se empreender energia, se for persistente e construir bons relacionamentos, pois é sua a responsabilidade de conquistar o lugar que tanto quer e, sobretudo, saber aonde e como chegar.

Sim, todos esses fatores movimentarão você em busca de uma grande virada, portanto gostaria de ir além, quero lhe propor uma análise sobre alteração de atitude e promover uma mudança de *mindset* (modificação na forma de pensamento).

O que será que permeia o sucesso e o fracasso? O fracasso pode ceder lugar ao sucesso? A grande diferença está nas atitudes, e o conhecimento é muito capaz de promover mudanças fundamentais na inteligência.

Somos todos capazes de aperfeiçoar nossa atenção, nossa memória, nossa capacidade de julgamento, nossas atitudes e a busca pelo aperfeiçoamento e superação, esses são fatores que nos tornam mais eficientes.

Não podemos deixar de considerar aspectos genéticos, cognitivos, aptidões e temperamentos, mas eles, isoladamente, não podem ser os fatores responsáveis pelo fracasso ou pelo sucesso. Eles podem indicar mais esforços para a mudança de *mindset*, mas não necessariamente são os fatores que impedem que tenhamos uma nova forma de pensar.

Binet acreditava que somos todos capazes de produzir mudanças fundamentais na inteligência e que essas são capazes de construir novas visões, podemos produzir efeitos irreversíveis em nossas formas de comportamento e este afetar diretamente nossas relações, nossos resultados e compor um novo *mindset*.

A forma como pensamos e, consequentemente, como nos comportamos, é comandada por nossos esquemas mentais que formam nossa cognição e que é construída ao longo da vida por meio das nossas experiências e aprendizados (entre acertos e erros). A partir dessas experiências, construímos nossa visão de mundo, que diz respeito à base de nossos relacionamentos e à nossa autoimagem. Posso dizer também que essa opinião sobre nós impacta em nossa capacidade de realização.

A partir de décadas de estudos desenvolvidos em Stanford, Carol Dweck aponta que as nossas atitudes mentais são fundamentais para o sucesso e nos elucida sobre os conceitos de *mindset* fixo e variável e como eles nos conduzem ao sucesso.

Como estamos tratando de um fator tão vital para a hora da virada, começarei a explorar os elementos que compõem o *mindset* fixo e o de crescimento e você poderá, com base nesses aspectos, ver como encara a vida. Ainda entenderá de que modo esse *mindset* afeta suas relações, a forma como educa seus filhos, se relaciona no ambiente de trabalho – se é um líder ou não –, a maneira que desenvolve pessoas, como lida com seus objetivos e observará, por fim, o quanto esses fatores estão sendo fundamentais para explorar suas potencialidades.

Responda rapidamente com base em suas vivências:

1. Você acredita que pessoas, só pelo fato de serem inteligentes, não precisam de muito esforço?

2. Crê que indivíduos bons no que fazem já nascem com talento?

3. Fica chateado com o *feedback* recebido sobre o seu desempenho?

4. Evita situações novas pelo fato de serem estressantes?

5. Estabelece desafios arriscados?

Considere suas respostas acima: se a grande maioria for positiva, provavelmente possui um *mindset* fixo e, se a maior parte for negativa, você, seguramente, possui um *mindset* de crescimento.

De modo geral, indivíduos com o *mindset* fixo não acreditam em esforços, procuram por culpados, colocam a responsabilidade no destino, têm dificuldades e/ou quase não assumem responsabilidades, possuem crenças de que as qualidades são imutáveis, acreditam que as pessoas já nascem com suas qualidades predefinidas, não conhecem seus pontos fortes e seus pontos fracos, têm problemas em assumir riscos, por isso não saem de sua zona de conforto, responsabilizando o meio em que vivem e ficando muito submissas à avaliação e aprovação dos demais.

Enquanto as pessoas que possuem *mindset* de crescimento aprendem a colocar seus esforços na solução e não no problema, reconhecem e mantêm os seus riscos sob controle.

Quando falamos em cognição, aqueles com *mindset* de crescimento acreditam que podem desenvolver habilidades e talentos, pois não creem que os talentos são natos e/ou imutáveis. Avaliam o *feedback* que recebem e ficam em estado de curiosidade, pois consideram que podem existir fatores de melhoria e se autorresponsabilizam pela mensagem que emitem a seu interlocutor. Dessa forma, melhoram seus relacionamentos, crescem e superam limitações.

Como você reage quando está frente a um desafio? Quais são seus pensamentos, sentimentos e ações? Você se sente tenso(a), estabelece uma autocobrança excessiva, hesita? Essas reações revelam muito a seu respeito e sobre sua forma de pensar. Considera-se agindo sob um *mindset* fixo ou de crescimento? Você pode estar colocando em risco suas capacidades, portanto construa a mudança.

Esforce-se para mudar o pensamento sendo mais gentil consigo, acreditando que pode, sabendo lidar com seus erros e entendendo que está em constante aprendizado.

Você, sim, é capaz de mudar seu *mindset*, trata-se de uma escolha e de uma construção.

Atitudes são fatores que conduzirão essa mudança, John Maxwell reconhece que suas atitudes exercem profundo impacto em sua vida e são um diferencial para que você possa fazer a grande virada.

Elas afetam nossos relacionamentos e nos permitem novas maneiras para encarar o fracasso e definir possibilidades. Suas atitudes podem motivá-lo ou paralisá-lo.

Na obra *The Winning Attitude*, Maxwell fala que a atitude "é nosso desejo pelo progresso. Suas raízes ficam no interior, mas seu fruto está no exterior, ela pode ser sua melhor amiga ou nossa pior inimiga. É mais honesta e mais consistente do que nossas palavras".

Como reconhecemos uma atitude? Estamos falando de um fator tão subjetivo e intrínseco. A atitude é um sentimento que se expressa por meio de um comportamento, é a maneira como nos posicionamos.

Nossa atitude é o que determina nosso sucesso ou fracasso. Gostaria de que você pudesse examinar como têm sido suas atitudes, como vem empregando suas competências e seus talentos. Acredite, só talento não basta, não é o suficiente ao seu sucesso.

Sua atitude o afeta diretamente e, também, os seus resultados. Quando é positiva, leva ao crescimento, expande e inicia o progresso.

O que você tem feito para ter atitudes que promovam o seu crescimento? Elas determinam como você vê a sua vida: que crenças tem a seu respeito, que perspectiva possui sobre seus objetivos, o quanto adota uma atitude de autorresponsabilidade? "Se você pensa que você pode ou se pensa que não pode, de qualquer forma você está certo" (Henry Ford). É sua visão de mundo que determina suas atitudes.

Elas impactam em seus relacionamentos, o Instituto de Stanford aponta uma pesquisa que revela que seu resultado financeiro é advindo em torno de 12,5% de esforços e conhecimento e 87,5% da capacidade em lidar com pessoas. O sucesso está em saber se relacionar com os outros, por meio da empatia, do respeito, da conquista de aliados e de uma aproximação genuína.

Sua atitude pode ser a única diferença entre o sucesso e o fracasso, uma atitude positiva ou negativa é o que o diferencia. Observamos todos os dias pessoas perdendo empregos, líderes perdendo membros (importantes) em suas equipes, vendas não realizadas, casamentos dissolvidos em função de más atitudes.

Já parou para pensar que você pode transformar, por meio de atitudes, desafios em oportunidades? Suponha que esteja frente a um desafio ou uma ameaça, qual é a sua atitude? Paralisou, enfrentou, buscou ajuda, acomodou? É uma questão de decidir a forma como lida e transforma o cenário, concentre suas forças, busque soluções e as transforme em verdadeiras oportunidades.

Como de fato são moldadas nossas atitudes? Nós as formamos por multifatores: o primordial, nossa personalidade, que, em diferentes fases da vida, vai mudando. Desde o nascimento, modificando conforme o ambiente em que vivemos, passando pela construção de nossa autoimagem, exposição e novas experiências e fatores, como o casamento, a família e o emprego, que impactam no modo como nos posicionamos.

A personalidade é composta por vários fatores, inclusive comportamentos, e esses formam traços comuns (há exceções, é claro), e assim surgem padrões de condutas de atitudes. O ambiente é uma variável importante nessa formação, pois gera nosso sistema de crenças, que podem nos limitar, nos conduzindo a atitudes improdutivas. O que ouvi ao longo da vida a meu respeito constrói minha visão de mundo e me faz emitir, a partir dela, os meus padrões de atitudes.

Será que é possível mudar de atitude?

Já falamos aqui de autorresponsabilidade, hoje você é resultado de suas decisões, escolhas e construções do passado. Por essa perspectiva podemos afirmar que é possível, sim, alterar atitudes e, por meio delas, construir a sua hora da virada.

Algumas considerações sobre a mudança de atitude:

Autoavalie-se

Qual o seu ponto de partida?
Qual má atitude hoje vem sendo um impeditivo?
Faça mudanças importantes quando descobrir onde está o problema.
Identifique sentimentos, pensamentos e comportamentos negativos.
O que você deve fazer para mudar?

A fé é mais importante do que o medo

Acreditar é o que o conduzirá à mudança.
Fortaleça seus elos de relacionamento com pessoas que acreditam em você.

Defina um propósito

Suas atitudes começam a mudar quando você estabelece objetivos e metas.
Crie metas claras (seja específico e detalhe pequenos passos para atingi-las).
Mensure o atingimento de suas metas (afinal, como saberá que está no caminho?).
Avalie se sua meta e/ou objetivo é relevante (se é importante e o porquê).
Defina prazos para o atingimento dessas metas.
Revise e deixe esse material (ainda que em uma agenda) sempre a sua vista.

Assuma o controle, assuma responsabilidade, deseje mudar

A sua base diante dos desafios será sua motivação, seu propósito.
Zona de conforto é onde o sabotador do seu projeto reside (transforme seu *mindset*).
Reduza seu medo, conheça as reais possibilidades, aumente seu conhecimento.
Desenvolva novas habilidades, lide com os desafios e não postergue.

Mude seus padrões de pensamentos

Podemos controlar nossos pensamentos = premissa maior.
Nossos sentimentos procedem de nossos pensamentos = premissa menor.
Logo... Podemos mudar nosso modo de pensar.
Nutra-se de bons pensamentos, esteja envolvido(a) em uma causa maior.

Atitude certa: é uma opção

Toda transformação requer tempo e dedicação.
Cultive seu plano de boas atitudes, acompanhe e saiba lidar com recaídas.
A mudança passa por três grandes estágios, atenção!
Inicial: promova novos hábitos, é difícil romper com antigas atitudes.
Intermediário: você já deu o passo inicial, maximize o que tem dado certo (atitudes positivas), os novos hábitos já estão criando raízes. Dessa forma, você será demandado a criar outros para lidar com situações inusitadas (ainda não vividas).
Avançado: nesse momento, o grande risco é sentir que já conquistou as atitudes positivas e, após um tempo, tornar a agir no automático e não perceber que está voltando a ter antigas atitudes.

Capítulo 16

O retorno do caixeiro-viajante

Lima Júnior

Juntos, faremos uma viagem ao passado para entender como o protagonismo em vendas ajudou a Revolução Industrial e a era digital. E como esse personagem histórico, o caixeiro, é a bússola para um futuro de infinitas possibilidades, potencializando sua vida pessoal e profissional. Como sabiamente disse Lord Byron: "O melhor profeta do futuro é o passado".

Lima Júnior

Desde 1990 eu sou vendedor. Vendia salgadinhos cedo, sorvete à tarde e cuidava de carros, à noite, no Velório da Saudade, em Ribeirão Preto. Vendedor porta a porta pela Sharp do Brasil e Compra Certa Brastemp, segui carreira em vendas; promovido a multiplicador, treinei mais de 4000 pessoas. Em constante evolução, aproveitei as oportunidades em minha jornada. Em 2011, idealizei o Projeto Dynamus. A Dynamus é hoje a Frente Associativa das Carreiras do Poder Judiciário, Ministério Público e Profissionais do Sistema CONFEA/CREA/MÚTUA, somos responsáveis pela celebração e divulgação dos convênios nacionais das principais associações e conselhos do Brasil. Transacionamos mais de 10 milhões em vendas/mês considerando automóveis, passagens aéreas, medicamentos, entre outros. Em 2018, o controle da Dynamus foi adquirido pela família Etchenique, trajetória bem-sucedida dos fundadores da Brasmotor e Brastemp.

Contatos
https://caixeiro.digital/
lima.junior@caixeiro.digital
Instagram: dynamus_jr

O caixeiro 1.0

Em 1200 a.C. existia uma civilização que vivia em solo montanhoso, não muito favorável ao desenvolvimento agrícola e pastoril. Com muitos obstáculos para sobrevivência e somente a pesca como fonte de recursos, viu nesses obstáculos a maior oportunidade de suas vidas. Antes mesmo de existir na história das grandes economias mundiais, o primeiro caixeiro-viajante não usava charretes, nem automóveis, mas realizava seu comércio por meio da galé, um veículo movido a velas e remos. Esta é a civilização fenícia, cujo epicentro se localizava no norte da antiga Canaã, ao longo das regiões litorâneas dos atuais Líbano, Síria e norte de Israel[1]. A civilização fenícia foi uma das pioneiras na cultura comercial marítima empreendedora que se espalhou por todo o mar mediterrâneo. Podemos assim dizer que o caixeiro-viajante existe desde então, passando por muitos processos evolutivos, sendo o dínamo da prosperidade, transformação econômica e um agente da paz, pois, enquanto muitos saqueavam para sobreviver, a cultura do caixeiro promovia a liberdade, justiça e prosperidade.

O caixeiro 2.0

O desenvolvimento do caixeiro-viajante faz parte da história americana, pois o esforço para criar técnicas de vendas distinguiu o crescimento do capitalismo mais na América do que em toda a Europa, Ásia ou América do Sul. Naquela época, para ter sucesso, bastava que seu país tivesse uma moeda estável, Estado de Direito, proteção da propriedade privada e a disponibilidade de crédito, aspectos do sistema econômico americano (por isso destaquei, acima, liberdade, justiça e prosperidade).

Duas características importantes desse momento econômico:

1- A produção era menor que a demanda; e
2- Havia pouca ou nenhuma concorrência.

É interessante observar que essas duas características perduraram até o início do século XX, nos países desenvolvidos como Estados Unidos e os da Europa. No Brasil, podemos considerar que tínhamos essa situação de mercado até os anos 50, para a maior parte dos produtos manufaturados.

O caixeiro 3.0

Mas quando os caixeiros tiveram que se reinventar novamente?

O responsável por essa transformação é exatamente a figura mais temida pelas empresas em geral – a concorrência!!!

Com o aparecimento de vários fornecedores para um mesmo produto ou serviço, passou a existir a necessidade de mostrar as diferenças entre esses produtos e serviços. A necessidade de maior agressividade na busca pelo cliente também foi gerada pela concorrência, e uma das formas de se conseguir esses efeitos foi a contratação de vendedores – com treinamentos e muitos investimentos, acabou-se profissionalizando muitos – para que eles fossem fisicamente até o cliente, buscando o seu pedido ou contrato.

Outro fenômeno interessante que apareceu com a concorrência foi o crescimento do nível de exigência do consumidor, pois, com a maior oferta de bens e serviços, se tornou mais sofisticado, requerendo mais dos seus fornecedores. Surgiu, então, "a necessidade de satisfazer o cliente".

É famoso o *case* da Ford, que no início do século dominava o mercado automobilístico americano, com seus modelos T, sempre pintados na cor preta, como era costume desde as carruagens e charretes. Porém, como "o sucesso do passado não garante o sucesso do futuro", seu fundador não percebeu que com a popularização do automóvel, fenômeno que ele mesmo havia criado, o consumidor queria agora um pouco mais, como, por exemplo, veículos com outras cores. Henry Ford, um gênio que inventou a linha de montagem, barateando os preços dos carros, foi protagonista do primeiro caso crônico de "miopia de mercado" quando soltou sua célebre frase: "O consumidor pode ter o carro da cor que quiser desde que seja preto".

A recém-fundada General Motors percebeu essa evolução nos desejos do cliente e, lançando veículos de outras cores, ultrapassou a Ford, que nunca mais liderou esse mercado. O mesmo aconteceu com Steve Jobs, fundador da Apple e criador do primeiro computador que, em menos de sete anos, fez uma fortuna invejável. No entanto, seu computador era muito caro e um parceiro (digamos assim) deu o "pulo do gato" e atendeu à necessidade de milhões de pessoas criando a Microsoft e popularizando o PC (*Personal Computer*)[1].

A teoria da Hierarquia das Necessidades, que Maslow desenvolveu

---

1 PIRATAS do Vale do Silício. Direção e roteiro: Marley Burke. Produção: Leanne Moore. Intérpretes: Noah Wyle; Anthony Michael Hall; Joey Slotnick e outros. Música: Frank Fitzpatrick. Estados Unidos: Turner Network Television. Baseado no livro *Fire in the Valley: the making of the personal computer* de Paul Freiberger e Michael Swaine.

em 1954, procura mostrar exatamente como as necessidades do ser humano evoluem, conforme seu desenvolvimento pessoal.

Assim procuramos primeiro satisfazer nossas necessidades fisiológicas, de sobrevivência, como alimento, moradia, roupas, etc.

Em seguida vem a segurança, nos reunindo em sociedades organizadas com policiamento, regras e leis. Seguem-se então as buscas, pela autoestima e autorrealização. À medida que vamos satisfazendo essas necessidades, vamos sofisticando nossas aspirações e, dessa forma, o mercado vai evoluindo, oferecendo sempre novas e melhores opções.

Por exemplo, quem hoje compraria um computador com um processador 386?

Mas ele já foi um sucesso de vendas no seu lançamento.

Hoje não aceitamos nem um Celeron.

A relação do vendedor (fornecedor) com seus clientes
- Década de 1960:
"O cliente é uma maldita amolação"
- Década de 1970:
"Satisfazer os desejos do cliente"
- Década de 1980:
"Antecipar os desejos do cliente"
- Década de 1990:
"Comprometer-se com o sucesso do cliente"
- Anos 2000:
"*Marketing* de relacionamento"
- Década de 2010:
"Social *selling* ou venda social"

Muito se evoluiu nas últimas cinco décadas no que tange à maneira de se ver o cliente. Pode parecer piada ou exagero, mas a frase relativa aos anos 60 expressa exatamente o que se via nas empresas de maneira geral.

A década de 1970 mostrou um avanço significativo na maneira de se tratar o cliente. Nessa época (final dos anos 60), a Ford se redimiu da miopia do seu fundador, lançando o Ford Mustang, um dos maiores sucessos da indústria automobilística mundial, totalmente baseado em pesquisas de mercado, retratando fielmente os anseios que o mercado americano tinha para um novo automóvel, depois copiado por seus maiores concorrentes.

Na década de 1980, "Antecipar os desejos do cliente" foi a máxima mais utilizada pelas empresas, e com muito sucesso. Na verdade, estávamos sendo proativos em relação aos nossos mercados e com nossa experiência no negócio podíamos antecipar as necessidades por serviços ou produtos, antes mesmo que nossos concorrentes pudessem fazê-lo. Essa vantagem competitiva levou muitas empresas à liderança do seu mercado, tanto no doméstico como no industrial (*business to business*). A Microsoft e a Disney são exemplos.

Mas as melhores formas de relacionamento com o cliente (e não porque são as mais recentes) são certamente "estar comprometido com o sucesso do meu cliente" e o "*marketing* de relacionamento".

Isso quer dizer que você como fornecedor de serviços ou produtos está tão envolvido no negócio do seu cliente que passa literalmente a fazer parte dele, compartilhando seus problemas e soluções, dividindo responsabilidades e sucessos.

Note que a evolução do caixeiro está na sua quarta transformação:

* Caixeiro-viajante (1200 a.C. até 1860 d.C.);
* Vendedor porta a porta (1870 até 2005);
* Tirador de pedidos (2006 até o momento);
* *Hackers* em vendas ou "caixeiro-digital" (em processamento).

O caixeiro 4.0

O que seria um *hacker* em vendas?

Para uma melhor compreensão, vamos entender o que é um *hacker*:

Hacker é um especialista que entende o sistema, não necessariamente um sistema computacional (OS), pode ser um sistema religioso, político, ideológico ou econômico. Assim sendo, ele tem três escolhas:

- Manipular o sistema – *crakers*;
- Corrigir/evoluir o sistema – *hackers*; ou
- Destruir o sistema – *lammers.*

Dentro desse contexto temos três modelos de *hackers*:

- Jesus Cristo – Sistema Religioso – em João 1:11 está escrito: "Ele veio para o que era seu, mas os seus não o receberam. E em João 14:6: "Assegurou-lhes Jesus: Eu sou o caminho, a verdade e a vida. Ninguém vem ao Pai senão por mim". Dessa forma não preciso explicar mais nada... recomendo a leitura da Bíblia para conhecer melhor os ensinamentos de Jesus Cristo e não a religião que muitos pregam.

- Henry Ford – sistema industrial – responsável pela popularização automotiva no mundo. A Revolução Industrial aconteceu graças à linha de montagem desenvolvida por Henry Ford.

- Bill Gates – sistema operacional – responsável pela popularização do PC (*Personal Computer*) e pela revolução digital. Atualmente filantropo, e há mais de uma década o homem mais rico do mundo e o que mais impacta o mundo, seja por meio da influência da *Microsoft* ou seja por meio da ONG Bill & Melinda Gates.

E os *hackers* em vendas? Aqui podemos apresentar *hackers* de vendas dentro da sua época: Francesco Matarazzo, Alberto Edmundo Ferreira Margarido (fundador da Sapólio Radium), Hugo Miguel Etchenique (fundador da Brastemp), Silvio Santos, Ricardo Bellino e Steve Jobs.

Todos fizeram por meio da arte da negociação um império sem precedentes. A trajetória do Steve Jobs, sendo a mais inusitada, que já virou três filmes desde a sua morte em 2011, pois ele fundou a Apple e *hackeou* o sistema sem saber, um *prompt* de comando, depois foi demitido da sua própria empresa e investiu na Pixar e na Next, sendo o sistema operacional da Next responsável pelo seu retorno à Apple. O iPod e o iPhone foram sua grande sacada no século XXI. E por que o considero um *hacker* em vendas? Porque ele não tinha clientes ao seu lado, mas, sim, fãs, todo lançamento de um novo produto era um *show*, um espetáculo em que o mundo parava para ouvir suas sacadas geniais e sua evangelização.

Entendeu? Steve Jobs não vendia, evangelizava, e seus fãs faziam a mágica acontecer.

Com as tecnologias disponíveis neste século, todos que potencializam suas habilidades se sintonizam com seu público e geram os resultados desejados, podem ser um *hacker* em vendas.

O nascimento do caixeiro-digital

Na minha série *Hackers em vendas,* que terá três livros, irei apresentar como se manter constante em um mundo de variáveis. Sendo a reputação a principal unidade de valor e o que separa o ter do não ter. Na economia colaborativa é uma unidade de troca de bens ou serviços, mas também pode ser algo abstrato como a economia criativa, oferecendo serviços como segurança, bem-estar, felicidade e paz de espírito.

Irei revelar como criar uma plataforma de vendas para seu público, e como o nicho é fundamental para o novo caixeiro, sendo esse não mais viajante, ambulante ou itinerante, mas, sim, digital. Com a fórmula "V4", darei a você ferramentas cirúrgicas para potencializar sua carreira profissional, sua equipe, sua família e sua vida pessoal. Até porque sucesso é ser feliz!

Referências

[1] FENÍCIA. In: WIKIPÉDIA, a enciclopédia livre. Flórida: Wikimedia Foundation, 2019. Disponível em: <https://pt.wikipedia.org/w/index.php?title=Fen%C3%ADcia&oldid=56223508>. Acesso em: 12 set. 2019.

FENÍCIOS. In: Só História. Virtuous Tecnologia da Informação, 2009-2019. Disponível em: <http://www.sohistoria.com.br/ef2/fenicios/>. Acesso em: 20 de ago. de 2019.

Capítulo 17

O coaching transformando vidas

Luiz Carlos de Almeida

Descobrir o universo do mundo de *coaching* foi um grande divisor de águas em minha vida. Sei que o real poder de um indivíduo começa a ser demonstrado no dia em que resolve assumir sua vida por inteiro, sem atribuir a ninguém a responsabilidade por seus erros ou fracassos e suas escolhas, o que o levará à realização dos seus objetivos.

Luiz Carlos de Almeida

Psicólogo, *master coach*, *team coach*, *coach* de transição de carreira, *coach* para empreendedores e mentoria. Palestrante *trainer* com mais de 30 anos de experiência na área de recursos humanos nos temas: gestão de pessoas, treinamento & desenvolvimento, treinamento motivacional, avaliação de desempenho, liderança situacional e clima organizacional. Atuante em desenvolvimento, planejamento e execução de projetos de qualidade de vida e engajamento, envolvendo datas comemorativas e os colaboradores com seus familiares. Analista comportamental DISC formado por diversos parceiros como: Profiler, E-talent e Coaching Club System. Atuando como *coach* na DHL Global Forwarding, Ricoh do Brasil, NP Climatização, com mais de 3.000 horas de atendimento individual e em grupo. Idealizador do programa e autor dos *e-books: Reconexão total – 10 Passos para uma vida positiva* e *Estou no fundo do poço. E agora? Cinco passos essenciais para dar a volta por cima.*

Contatos
www.makesensecoach.com.br
www.reconexaototal.com.br
luiz.almeida@makesensecoach.com.br
(11) 3977-8451
(11) 99191-9672

Quando fui convidado para participar deste projeto, fiquei pensando sobre o que gostaria de escrever, então resolvi contar um pouco sobre a minha história e como entrei no mundo do *coaching* e dividirei com vocês esta experiência. Não foi uma jornada fácil, mas acredito que posso inspirar você que está lendo este artigo, porque quando colocamos foco, disciplina e vontade de vencer, entramos no fluxo positivo e giramos a roda da inércia, colocamos ação em nossos planos e alçamos voos altos em busca dos nossos sonhos.

Em minha trajetória, já consegui inspirar e impactar muitas pessoas, e fico feliz por conseguir cumprir minha missão e propósito de vida que é: "Levar as pessoas a resgatarem sua autoconfiança e se reconectarem com sua essência de plenitude e de infinitas possibilidades. Compartilhando meu aprendizado, impactando pessoas com a minha alegria, leveza, amor e bom humor. Trocar experiências que inspire pessoas, ir além da busca de transformar os seus sonhos e objetivos em realidade".

A vida nos reserva muitas surpresas e acredito que conseguimos mudar e transformar qualquer situação, basta querer, agir e fazer acontecer.

Toda experiência negativa serviu para dar força às minhas crenças limitantes, reclamava de tudo, perpetuando a crença de que não havia nascido para ter dinheiro, ser bem-sucedido e feliz, assumia o papel de vítima e me queixava para todos pela falta de oportunidades.

Mesmo com esse cenário ruim, busquei inspiração e forças para iniciar o processo de reação, tinha que sair daquela situação. Orava fortemente e pedia ao universo alternativas, e foi quando dei os primeiros passos para vencer o marasmo, sair da zona de conforto e iniciar um processo para vencer as crenças limitantes.

Quero voltar um pouco no tempo e compartilhar um episódio que aconteceu em 2008, quando enveredei pelo universo do *coaching*. Nessa época, trabalhava em uma grande multinacional e era responsável pelo setor que cuidava do *endomarketing* para colaboradores: realizava eventos em datas comemorativas, festas de confraternização, entre outros... Era um verdadeiro sucesso, porém me sentia perdido durante o dia para o desenvolvimento das minhas atividades, sem consciência, era muito desorganizado em minhas ações, tinha a sensação de que o meu dia precisava de mais horas para conseguir desenvolver todas as minhas atividades. Adorava fazer eventos, minha expertise, ao término de cada um, sempre era chamado à sala da diretora de Recursos Humanos, e ela me perguntava se havia gasto a verba prevista para a sua realização. Timidamente, eu sempre respondia que não e, como de costume, estourava a verba e nunca estava dentro do *budget*.

No final do expediente, tinha a convicção de que havia trabalhado muito, e não conseguia sair no horário, sempre cansado e com muitas pendências ao dia seguinte.

Como um *feedback* pode mudar o rumo da história. Um dia, a diretora da área em que eu trabalhava foi até a minha sala e disse: "Percebo que você é comprometido, porém o seu trabalho não trouxe os resultados esperados e falta foco". Fiquei parado, olhando para a diretora sem entender muito, foi quando ela me disse: "Vou matricular você num curso para administrar o seu tempo e melhorar sua *performance*". E me inscreveu no curso de formação em *coaching*, não conhecia essa palavra e confesso que fiquei muito surpreso.

Ela, com sua atitude, proporcionou a grande virada de chave em minha vida. Iniciei imediatamente o curso de formação de *coaching*, foi fantástico e intenso o contato que tive com a metodologia, com as ferramentas e o aprendizado; um grande divisor de águas. A cada dia que passava, me aprofundava mais nos estudos e na prática para dominar o assunto. Fiz várias formações, buscando me especializar cada vez mais, e tive a grande oportunidade de aplicar a metodologia de *coaching* nos gestores da empresa em que eu trabalhava, adquirindo muita experiência em meus atendimentos.

Utilizei também ferramentas que me ajudaram a melhorar a gestão de tempo, planejamento, estabelecimento de metas e objetivos, entre outras.

Foi tão significativo que consegui até melhorar a minha qualidade de vida, com tempo para ir à academia, fazer *yoga*, ter diversão e mais momentos com os meus familiares e amigos.

Quero aproveitar este momento e dividir com vocês esta ferramenta que uso para estabelecer metas, o modelo SMART (Específico, Mensurável, Atingível, Relevante, Temporal). Como dizem os grandes autores e gurus da atualidade, quando colocamos no papel nossas metas, as probabilidades de que elas aconteçam são enormes. Sabia que é bom atingir os resultados esperados? Então, o que você está esperando? Vamos praticar!

Pegue um caderno de anotações, sua caneta e começaremos agora a colocar suas metas de curto prazo (6 a 12 meses), médio prazo (1 a 2 anos) e longo prazo (2 a 5 anos), você verá que é muito fácil!

Aplicação smart

Specific ("específico", em inglês, criar objetivos específicos e olhar para o seu futuro);

Mensurável (criar evidências do que será o atingimento do resultado esperado);

Atingível (muitas pessoas cometem o erro de estabelecer metas que não podem ser alcançadas);

Relevante (é muito mais fácil e motivador se comprometer com um objetivo que esteja alinhado aos propósitos e valores pessoais);

Temporal (definir uma data, até quanto realizarei meu objetivo, ao estabelecer limite de tempo nos tornamos comprometidos com o foco).

Abaixo, alguns passos que ajudarão na elaboração de seus objetivos e metas:

- Defina objetivos claros e bem definidos, seja específico e tenha clareza do que realmente quer alcançar.

- Qual a sua expectativa em relação ao seu objetivo?

- Quais serão as evidências que você vai precisar para saber que conseguiu atingir o seu objetivo?

- Defina uma data específica, o que gera mais comprometimento, é importante definir o prazo para alcançar o resultado.

- Desperte valores pessoais com as seguintes perguntas:

- Por que é importante alcançar esse objetivo?

- Quais serão os meus ganhos positivos com essa conquista?

- Quais sentimentos e emoções estão associados a esse objetivo?

- O quanto está comprometido com esse objetivo numa escala de 0 a 10 (zero é pouco comprometido e 10 é muito comprometido).

- O que pode fazer para aumentar esse comprometimento?

- Quais ações fundamentais estão em suas mãos para atingir esse objetivo, e o que depende de outras pessoas?

- Quais mudanças precisam acontecer para a concretização desse objetivo?

- Que ação poderá fazer com que seja uma alavanca?

- Para qual direção terá que caminhar agora?

Tenho certeza de que ao responder essas questões você colocará mais foco e se sentirá mais motivado. Lembre-se de que, quanto mais focado, mais rápido atingirá os seus objetivos.

Sempre gosto de usar esta frase: "Insanidade é continuar fazendo sempre a mesma coisa e esperar resultados diferentes". (Albert Einstein)

Pense nisso!

Faça a diferença em sua vida, dê os primeiros passos rumo ao sucesso!

Passei, então, a seguir alguns autores e palestrantes que me inspiram, como: Anthony Robbins, Deepak Chopra, Rhonda Byrne, John Whitmore, Aldo Novak, Rodrigo Cardoso, Adriana Marques, entre outros. Aprendi que pessoas de sucesso têm uma agenda com pelo menos 24 horas de antecedência, é muito importante ter claro e definido o que temos de fazer no dia seguinte (*To do List*). Temos vários aplicativos que facilitam nossas vidas, se preferir pode usá-los, bem como caderno ou agenda. Lembre-se: o seu jeito é o jeito certo de fazer, o importante é organizar sua vida, cumprir os horários e ter os seus compromissos em dia.

Para aumentar minha produtividade, usei a ferramenta Tríade do Tempo, do autor Christian Barbosa. Quando fiz o teste pela primeira vez, fiquei assustado com os resultados. Depois de conhecer a metodologia, refiz o teste para saber o quanto havia caminhado. Eliminei da minha rotina um grande vilão, deixei de "procrastinar". Neste momento, lembro-me de um velho ditado que diz: "Nunca deixe para amanhã o que pode ser realizado hoje".

Sempre gosto de refletir sobre a Parábola do Tempo: em cada manhã, é creditado, para cada um, 86.400 segundos. Em todas as noites, o saldo é debitado como perda. Não é permitido acumular esse saldo para o dia seguinte. Em todas as manhãs, a sua conta é reiniciada, e, em todas as noites, as sobras do dia se evaporam. Não há volta. Você precisa gastar vivendo no presente o seu depósito diário. Invista, então, no que for melhor: na saúde, na felicidade e no sucesso! O relógio está correndo. Faça o melhor para o seu dia a dia. Reflita e pense a respeito!

Como já havia passado por situação semelhante e quase cheguei ao "fundo do poço", dessa vez, com a experiência que tinha adquirido e com a metodologia do *coaching*, aproveitei a metáfora de chegar ao fundo do poço para beber água e reunir forças para subir, reagir e dar a volta por cima, foi dessa experiência que surgiu o título do meu segundo *e-book: Estou no fundo do poço. E agora? Cinco passos essenciais para dar a volta por cima*. A nossa vida pode mudar por meio das decisões, decidi então que retomaria o meu curso, as rédeas da situação, não permitiria mais terceirizar os meus sonhos. Iniciei o processo de reforma interior, busquei o autoconhecimento, ajuda e, a partir dessa decisão, ocorreu uma grande transformação em minha vida. Passei a ter foco na solução e não nos problemas, resgatei minhas forças pessoais e passei a agir rumo aos meus objetivos. Trabalhei a autorresponsabilidade com a crença positiva de que o meu destino estava em minhas mãos, assumi o papel principal de ser o protagonista da minha vida. Segui alguns dos pilares da metodologia, permitindo acontecer a grande virada.

Espero, caro leitor, sinceramente, que com a leitura deste capítulo cresça sua vontade de sair da situação em que você se encontra, tendo a convicção de que pode vencer seus obstáculos, medos e suas crenças limitantes e, principalmente, de saber que tudo é possível. Tenha uma atitude mental positiva rumo a um *mindset* de sucesso!

Para finalizar, a minha dica é: "Depende de você começar agora a construir o seu futuro". Não espere a virada do ano ou a chegada da próxima segunda-feira, planeje os seus objetivos, estabeleça suas metas, defina um prazo, coloque tudo no papel, de preferência em um local que veja com frequência, leia todos os dias em voz alta e, o mais importante, entre em ação. Sei que pode até acontecer de você se autossabotar e pegar a sua caneta e caderno para iniciar o exercício proposto e desistir no meio do caminho, preferindo ver algum programa, novela, assistir a noticiários sangrentos ou qualquer outra coisa. Mas lembre-se de que a sua transformação acontecerá a partir das suas escolhas, um atleta não vencerá uma maratona de 42 km se não der o primeiro passo, que é o de treinar, praticar e ter consistência. Esses ingredientes, quando colocados em prática, levarão você à vida dos seus sonhos, que sempre desejou ter.

"Não existem limites para o nosso crescimento. Acredite, sempre haverá uma maneira, quando estamos comprometidos."

"Acredito no poder de transformação do ser humano rumo à realização dos seus objetivos e metas."

"O seu futuro está nas mãos do seu presente."

"Eu posso, eu mereço, eu consigo."

Um abraço,

Luiz Carlos de Almeida.

Capítulo 18

A pluralidade e multidimensionalidade do modelo cognitivo-comportamental para o alcance das metas

Luiz Ricardo Vieira Gonzaga

A terapia cognitivo-comportamental (TCC) é o "padrão ouro" para o tratamento tanto de diversos transtornos psicológicos quanto para o manejo de solução de problemas nas inúmeras áreas de atuação. O preconceito que o senso comum dá ao processo psicoterapêutico é permeado de significados baseados no modelo médico restrito da psicopatologia e/ou da saúde-doença e não percebe que a TCC trabalha inclusive com o modelo do funcionamento psicológico para o alcance das metas do paciente.

Luiz Ricardo Vieira Gonzaga

Mestre e doutor em Psicologia pela PUC-Campinas. Licenciado e graduado em Psicologia pela UFPB. Especialista em Psicologia Clínica pela USP. MBA em Administração de Empresas pela FGV-SP. Certificado em *Coaching* Cognitivo-comportamental pelo CB3C. Certificado em Terapia Racional-emotiva-comportamental – nível *Primary* – pelo Instituto Albert Ellis, de Nova Iorque. Laureado pela Academia Paulista de Psicologia pela sua tese de doutorado. Premiado no *6th International Congress of Educational Sciences and Development* e menção honrosa na 47º Reunião Anual da Sociedade Brasileira de Psicologia com o tema *Avaliação e coping em provas*. Certificado pela Federação Brasileira de Terapeutas Cognitivos no Brasil. Autor do livro *O estresse da escolha profissional em estudantes*, editado pela Paco Editorial. Tem 13 anos de experiência profissional nas áreas clínica, de pesquisa e supervisão. Presta consultoria externa para empresas com palestras e *workshops* com diversas temáticas voltadas à área da Psicologia.

Contatos
www.sintoniacognitiva.com.br
contato@sintoniacognitiva.com.br
Instagram: sintoniacognitiva
Facebook: sintoniacognitiva
YouTube: tccricardogonzaga
(11) 99274-4723

A terapia cognitivo-comportamental (TCC) baseia-se no pressuposto de que há interdependência entre cognição, emoção, comportamento, estados fisiológicos e ambiente, que implicará tanto no funcionamento normal do indivíduo quanto na formação da psicopatologia. Postula-se que o ambiente pode gerar diferentes formas de agir e pensar no indivíduo, ou seja, não é o evento em si o responsável pelas nossas emoções e comportamentos, mas a forma como o interpretamos.

Nesse sentido, a TCC busca desenvolver no paciente habilidades e estratégias terapêuticas, fazendo com que ele se sinta, durante o processo terapêutico, responsável e autônomo. Isso será conseguido por meio do treinamento sequencial de habilidades e dos seus pontos fortes, retirados do repertório do paciente e modelados por meio da série de técnicas cognitivas e comportamentais que a própria abordagem possui.

A TCC é também uma terapia de resolução de problemas. O terapeuta busca, em conjunto com o paciente, listar os problemas que interferem na vida deste, formulando alternativas e estratégias para sua solução. Diante desse processo, há os objetivos a serem alcançados, formulados claramente em termos mensuráveis, fragmentados e divididos inicialmente em partes pequenas e gerenciáveis, para garantir a possibilidade de resolução, e depois se avançar para os problemas mais enraizados e de difícil manejo.

Por exemplo: se o paciente foi demitido e deseja trabalhar esse aspecto com o terapeuta, inicialmente será levantado e especificado de forma objetiva o problema e sua magnitude, ou seja, o quanto compromete a vida do paciente. Em seguida, levanta-se o número de alternativas diante do quadro de demissão, sem haver um julgamento prévio da situação. A cada possibilidade sugerida, será feito um levantamento dos pontos positivos e negativos (custos/benefícios), avaliando as consequências de se assumir cada uma dessas estratégias. Assim, quanto maior o número de alternativas, maior será a flexibilidade cognitiva do paciente diante daquele quadro que antes parecia ser de impossível solução. Se por acaso a opção escolhida pelo paciente não provê uma solução efetiva, ele poderá a qualquer momento utilizar outras estratégias elencadas no início do processo de levantamento de alternativas.

Durante a fase de avaliação inicial dos problemas apresentados pelo paciente, é importante distinguir os que práticos dos psicológicos. Os primeiros seriam aqueles com os quais se pode utilizar técnicas de solução de problemas diante da inabilidade do paciente em decidir por qual caminho seguir; os secundários seriam os decorrentes do seu quadro psicológico (depressão ou ansiedade, por exemplo), que interfere diretamente na resolução do evento.

Assim, é preciso avaliar o quadro clínico do paciente, estabelecendo essas nuances que devem ser trabalhadas em conjunto com o problema apresentado. Sugere-se que se faça essa avaliação inicial observando também o quanto o quadro psicológico influenciou/influencia no estabelecimento do problema para o paciente. Pode-se questioná-lo com algumas perguntas importantes, tais como: "Como você era antes de ter esses problemas?", "Há quanto tempo você percebe que existe esse problema?", "Se você não estivesse se sentindo dessa maneira, o que faria diante desse problema?".

Durante a fase de avaliação do caso, é importante que o terapeuta incentive o paciente a fazer uma lista dos problemas de forma objetiva e, em seguida, que coloque um peso (0 a 10) e uma prioridade (baixa, média e alta) para cada um deles; assim, se começa o processo de resolução. Há casos em que o paciente apresenta uma lista enorme de problemas, com alguns centrais e outros secundários. O problema central é o que está operando primeiro, e vai perdendo a força à medida que o indivíduo vai solucionando cada problema. É importante que o paciente e o terapeuta sigam os objetivos definidos para poder se avaliar o progresso do tratamento, havendo assim uma linha de base (comparação) diante dos estágios inicial, intermediário e final do processo terapêutico.

Com a concordância dos problemas listados e das metas do tratamento, o processo converge para a identificação, exame e reestruturação das cognições distorcidas do paciente, ou seja, os processos cognitivos disfuncionais que ativam os padrões de comportamento (como esquiva, procrastinação, congelamento ou fuga), emoções intensas (como raiva, tristeza, medo e ansiedade) e estados fisiológicos (sudorese, dor abdominal, taquicardia, etc.) diante dos problemas relatados. Assim, a ênfase é dada ao papel dessas cognições (pensamentos) distorcidas na causa e na manutenção dos transtornos psicológicos, bem como na resolução dos problemas apresentados pelo paciente.

Na TCC, são apresentados três níveis de cognições (figura 1). São elas: i) pensamentos automáticos (PAs); ii) crenças intermediárias ou pressupostos subjacentes (regras); iii) crenças nucleares; e, por último, iv) os esquemas.

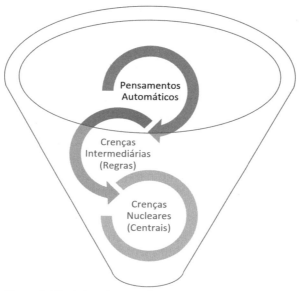

Figura 1. Nível de estrutura do pensamento (cognição).

Esquemas

Os primeiros (PAs) são espontâneos e acontecem de forma rápida, arbitrária e automática, sem muito esforço; podem até vir na forma de pensamento ou imagem mental (por exemplo: o indivíduo vai para um evento social e pode imaginar que todos estarão rindo dele). Esses pensamentos automáticos podem ser classificados com *vieses* no processamento da informação ou distorções específicas. Para que sejam classificados como distorcidos, esses pensamentos não levam em consideração as evidências que o contrariam, gerando conclusões precipitadas. Esse modo de processamento disfuncional está atrelado também à emocionalização do processamento da informação, ou seja, as emoções acabam ficando intensas e sendo desencadeadas e atreladas a esse *viés*, trazendo uma carga negativa à interpretação do evento. Por exemplo: se um indivíduo interpreta erroneamente o fato de estar numa festa sozinho e alguém olha para ele, por estar sendo olhado (situação) pode desencadear ansiedade e, consequentemente, as sensações fisiológicas como sudorese, dor no peito e taquicardia, levando-o a pensar que não deveria estar ali e que as pessoas acham que ele é um abandonado à própria sorte por estar sozinho na festa, podendo, inclusive, sair do evento (fuga e/ou esquiva).

As distorções específicas são classificadas também por temas, possibilitando ao paciente classificá-las quando aparecem. Assim, com a psicoeducação em relação ao tema que cada distorção promove, haverá o entendimento, a identificação e a nomeação dessa distorção, produzindo uma avaliação mais adaptativa e levando à mudança positiva do afeto e, consequentemente, ao seu enfraquecimento. A *psicoeducação* exerce um papel importante nessa fase de aprimoramento, pois ajuda o paciente na identificação. São algumas dessas distorções cognitivas: i) leitura mental – saber o que as pessoas pensam sem ter evidências para isso; ii) catastrofização (adivinhação) – pensar no pior cenário, sem levar em consideração a possibilidade de alternativas mais realistas; iii) pensamento polarizado (tudo ou nada, dicotômico, preto ou branco) – ver a situação apenas em duas categorias, sem haver um *continuum*; iv) rotulação – colocar em um rótulo rígido e inquestionável a pessoa, ela mesma ou a situação.

As distorções cognitivas aparecem quando há uma meta e/ou objetivo que o paciente deseja atingir no trabalho e não consegue, podendo ocorrer também em outras situações afetivas e sociais. Por exemplo: no trabalho, o indivíduo deseja mudar de atividade e/ou atribuição e tem receio do que o chefe pensará a respeito. Ele pode ter uma antevisão distorcida da realidade, como imaginar que se sairá mal ou que não o aprovarão, mesmo sem ter evidências concretas (catastrofização); ele pode ter passado por uma situação que relembra como fracasso diante do objetivo almejado ("Já aconteceu na faculdade quando quis mudar de grupo e o professor não permitiu", por exemplo). Isso pode levá-lo a revalidar a emoção (angústia, ansiedade, medo, etc.) que sente por não conseguir falar com o chefe, evitando-o (comportamento).

O segundo nível de cognições são as crenças intermediárias, pressupostos subjacentes e/ou regras. São definidas como regras, padrões, normas, premissas e atitudes que aprendemos e utilizamos que guiam nossa forma de agir. Elas são acionadas na forma de condições, como: "se... então"; "deveres" ou "tenho que". Por exemplo: **"Se** eu não tiver um desempenho excepcional no trabalho, **então** não sou um profissional qualificado"; "Não **devo** mostrar as minhas fraquezas no trabalho (pedindo ajuda), pois notarão que não sou bom"; **"Tenho** que me mostrar seguro e tranquilo ao conversar com as pessoas", etc. Durante períodos relativamente estáveis, as crenças intermediárias não são ativadas a todo momento se são cumpridas pelo indivíduo. Por outro lado, quando eles se encontram em situação de vulnerabilidade cognitiva, tais crenças acabam sendo acionadas. Por exemplo: quando o paciente está assoberbado de atividades no trabalho, com prazo curto de entrega para todas elas e ele sabe que não conseguirá entregar todas a tempo. Embora o indivíduo "construa" essas crenças intermediárias como medida protetiva de lidar e/ou evitar o acesso à crença nuclear e/ou central, ela acaba sendo ativada e reforçada quando perpassa esse segundo nível cognitivo.

A crença central ou nuclear são conceitos mais enraizados de nós mesmos e foram aprendidos durante a nossa fase do desenvolvimento infantil e de experiências passadas, fortalecendo-se ao longo da vida por meio de circunstâncias muito traumáticas ou em situações que acabaram nos convencendo de que foram verdadeiras quando nos tornamos adultos, influenciando, dessa maneira, na nossa percepção e interpretação dos eventos. Elas se cristalizam e, se não forem trabalhadas de forma sistemática na terapia, podem influenciar no desenvolvimento de psicopatologias (depressão, ansiedade, transtornos disruptivos, transtornos somatoformes, por exemplo), prejudicando no alcance das metas por mais que haja evidências e/ou fatos que possam desconfirmar a crença central, tornando o processamento cognitivo tendencioso.

Tais crenças centrais são compostas por três grandes temas gerais: crenças centrais de desamparo ("Sou impotente, frágil, carente, desamparado"), desamor ("Sou indesejado, não amado, imperfeito") e desvalor ("Sou incompetente, inadequado, incapaz"). O indivíduo amplia a construção dessas crenças centrais, tendo também uma percepção enviesada em relação aos outros ("Os outros são desleais, traiçoeiros, perigosos"), do mundo ("O mundo é ameaçador, injusto") e do futuro ("O futuro é incerto, avassalador"). As crenças centrais podem retomar seu estado de latência quando não há situações que as confirmem ou acionem. Na literatura, é apontado também o conceito de esquema, que seria a estrutura cognitiva na qual são mantidos os seus conteúdos (crenças). Os esquemas são fundamentais, pois orientam a seleção, codificação, organização, armazenamento e recuperação de todas as informações dentro do aparato cognitivo. Eles correspondem às necessidades básicas a serem supridas pelo indivíduo, sendo desenvolvidos durante a infância e mantidos por meio das relações interpessoais. Quando essas necessidades básicas não são supridas, durante essa fase podem ser desenvolvidos esquemas desadaptativos que ativam emoções desagradáveis, respostas disfuncionais (evitação, por exemplo) e comportamentos autoderrotistas assumindo o controle do indivíduo e sendo repetidos ao longo da vida. No processo terapêutico, o terapeuta ensinará ao paciente ferramentas que facilitarão na identificação, avaliação e contestação e/ou questionamentos dos pensamentos automáticos, crenças intermediárias e centrais, fazendo com que o paciente no futuro seja o seu "próprio terapeuta".

Na TCC, torna-se importante observar primeiramente os aspectos interpretativos da forma como o paciente estrutura sua visão de mundo ("Como eu vejo e/ou percebo as coisas ao meu redor, como eu sinto e como eu lido com essas coisas?") e o fato norteador no desencadeamento de suas emoções, seus comportamentos e estados fisiológicos. Essa será a chave para se entender o funcionamento do paciente diante do enfrentamento das situações e seu modo de resolução dos problemas com os quais se depara. O terapeuta, como elo imparcial dessa relação, terá por função auxiliar o paciente diante dessa visão distorcida da realidade, avaliando com ele essa percepção e a relação entre o afeto e comportamento. Se houver situações que forem condizentes com a realidade percebida, diante das evidências apontadas (morte de um familiar, perda de emprego, término do relacionamento, por exemplo), serão trabalhadas diante das alternativas de lidar com o evento mesmo que seja de difícil manejo para o paciente, até que se trabalhe a aceitação de situações e/ou eventos que não podem ser mudados.

Capítulo 19

"Dormindo com os ratos e acordando em uma cobertura..."

Marcia Barros

Neste capítulo, você encontra determinação, superação, coragem, foco, e descobre como é possível alcançar resultados por meio do Método Astrocoaching MB, único e inovador. Explico como a combinação de autoconhecimento e *performance* contribui para alcançar resultados extraordinários na vida real.

Marcia Barros

Master coach. Astróloga profissional há 14 anos (mapa astrológico, vocacional, financeiro, direcionamento de projetos pessoais, profissionais e financeiros). *Master coach* financeiro (empreendedorismo) – ICF Instituto de Coaching Financeiro com certificação internacional pelo ISC. *Master coach* de carreira (*coaching* vocacional) pelo IMS – Instituto Maurício Sampaio. *Life & professional coach* pela LPC – Academia Brasileira de Coaching. Consultora de sistema global (ERP SAP) – SD (Sales & Distribution) em empresas multinacionais. Colunista da Revista Cloud Coaching com a coluna "Astrocoaching". Criadora do Método Astrocoaching MB. Bacharel em Administração com Ênfase em Comércio Exterior. Profissional de negócios estratégicos e com propósito (empreendedorismo) pelo TGItoday – Business Academy. *Practitioner* em PNL com certificação internacional, licenciada por Richard Bandler. *Personal organizer* OZ – organizadora pessoal/financeira. Terapeuta quântica *biofeedback* (pessoas, animais, empresas e negócios) e consteladora especialista em constelação astrológica e empresarial. As doações recebidas com esse trabalho são direcionadas para a ONG "Adote um Gatinho" e INARC – Instituto de Recuperação e Natação Água Cristalina. Atende clientes no Brasil e exterior.

Contatos
www.marciabarros.com
contecomigo@marciabarros.com
(11) 99918-3367

> Tudo a que você se dedica de verdade tende a crescer e se expandir em sua vida. Tudo que você se concentra e pensa repetidamente se amplia em seu mundo. Você precisa, portanto, focar seu pensamento nas coisas que realmente deseja. (Brian Tracy)

Foque naquilo que você quer e saiba exatamente aquilo que você não quer mais.

Decida agora por você, mova-se para fazer da sua vida o palco do seu sucesso, e prepare-se para escrever finalmente as páginas da sua história. Você deve estar se perguntando o motivo desse título, não é mesmo? E talvez qual a relação deste tema em um livro sobre *coaching*, mas nas próximas páginas tenho certeza de que você entenderá a resposta e, se este assunto chamou sua atenção, é porque pode fazer sentido para você. Este tema faz parte da minha história de vida, que resumidamente comentarei, aqui, para facilitar o seu entendimento.

Quando eu morava com meu pai no fundo de quintal da minha avó, uma casa com dois cômodos (quarto-cozinha-banheiro, como dizem), me recordo nitidamente de dois fatos que me "motivaram" pela dor a ir além das minhas forças e alcançar meu objetivo principal: a compra de um apartamento ("lar"). O primeiro acontecia todas as vezes em que as chuvas chegavam com mais intensidade – eu estava tão acostumada e sabia que a água entraria na minha casa, isso era padrão – e, ainda que a quantidade não fosse muita, entrava pelo teto, pelo chão, pelas paredes, entrava tanto que, por muitas vezes, eu me recordo de acordar e sentir aquela água gelada nos meus pés quando pisava no chão onde a cama estava mergulhada. Mas me lembro também dos tijolos colocados na prateleira, porque os pés de madeira já não resistiam a tanta água e umidade, mas foi a única forma encontrada para preservar e proteger meus livros, afinal, neles eu procurava uma das soluções para mudar aquela realidade, buscando conhecimento.

O segundo fato eram os visitantes que apareciam na janela e corriam para onde eu dormia, sim, eram eles... "os ratos". Por Deus não fui contaminada por nenhuma leptospirose. Tive problemas respiratórios até a vida adulta por conta da umidade do local, mas depois foi tudo superado.

Mas a minha intenção de compartilhar essa história com você é para ilustrar onde eu estava (ponto A) e agora onde estou (ponto B) – minha cobertura. Na verdade, eu já praticava *life coaching* sem saber desde os quatro anos de idade, mesmo com a estrutura familiar desmoronando, afinal também, nessa época, minha mãe deixou aquela realidade para trás.

Eu tinha um objetivo claro internamente, que era morar no alto para nunca mais ter contato com esses dois fatos frequentes, e queria estar com o céu livre para dormir debaixo das estrelas. Quando fui assinar meu contrato de financiamento no banco, na época, meu pai mesmo me disse: "Você falou que um dia moraria no alto, e agora está realizando seu sonho".

Mas como eu consegui "concretizar", tornar real, algo que estava somente na minha mente?

Foco, determinação, conhecimento e fé

Primeiramente, jamais deixei de acreditar em mim como potência infinita de força, determinação e instrumento de um ser maior, que chamo de Deus.

Mentalmente eu me imaginava morando em um lugar bem alto onde as águas da chuva não pudessem afetar, eu prometia para mim mesma que minha realidade seria muito melhor do que aquela realidade na qual estava.

Foquei nos meus estudos e tinha absoluta certeza de que, independentemente da realidade que eu estava, o conhecimento adquirido me guiaria nesta longa jornada. Autodidata, aos 12 anos eu lia e aprendia sozinha. Pedi para meu pai se poderia pagar um curso de inglês para mim, porque percebi que o ensino público não era suficiente para eu chegar aonde eu queria, comprava vídeos em inglês na banca de jornal. Aos 34 anos, em 2010, devido à minha organização financeira, consegui fazer um intercâmbio no Canadá em 2010.

Dois jogos fizeram a diferença em minha vida: o antigo Banco Imobiliário e o *War*. No primeiro, eu aprendi a ter conhecimento de que determinados imóveis eram mais caros pela localização; no segundo, a treinar estratégias e conhecer geografia com mais rapidez, e, quando eu olhava aquele mapa geográfico, algo me dizia que eu trabalharia para pessoas daqueles países. E hoje atuo com sistemas SAP (Brasil e exterior).

Financeiramente aprendendo – fator multiplicação

Desde cedo aprendi a poupar, multiplicar e fazer dinheiro extra – essas três ações como hábito fizeram toda a diferença na minha vida. A "mesada" que eu recebia mensalmente, por exemplo, embora de valor pequeno, eu poupava para complementar algo que eu queria muito comprar (mais livros, mais cursos, etc.).

Fracassos – medos – inseguranças = aprendizado

"Apenas aqueles que ousam ter grandes fracassos conseguem alcançar grandes sucessos." (Robert F. Kennedy).

Nos anos em que ainda não conhecia astrologia, tive várias "surpresas" desagradáveis, nos quesitos como desemprego, sociedade, parceria favorável ou não e autoconhecimento. Muitos sonhos eram fortemente afetados e nem sempre foram tão fáceis – a prestação de serviços extras me ajudava muito, exceto por uma única vez.

Abri um negócio de consultoria com uma amiga, fui efetivada na área que mais amava, Comércio Exterior, finalmente, após estagiar em três empresas, e estava prestes a fazer minha primeira viagem internacional. Pensava estar em um relacionamento aparentemente estável, eu comprei um carro na época financiado e tudo estava fluindo, até as mudanças inesperadas para aquele ano começarem a acontecer, e como dizem, "quando começam não param mais", não é mesmo? Trabalhava com nove pessoas entre logística/*customer service*, dois gerentes e um diretor internacional. Ele foi transferido para outro país, e um brasileiro que estava no México assumiu nossa área. Com a crise da Argentina, nossas exportações foram afetadas em 70%, e, consequentemente, somente cinco funcionários permaneceriam. Eu trabalhava para outros países e minha *performance* estava além das expectativas, pela lógica o risco era quase zero. De repente, fui chamada pelo novo diretor e, para minha surpresa, fui demitida – nem meu gerente direto sabia o motivo. Confesso que não entendia o que estava ouvindo, e quando entendi, questionei o critério de escolha. Aprendi que não há lógica no mundo corporativo. Viagem, carreira sonhada e sociedade desfeitas e relacionamento acabado. Fui indicada para fazer o projeto de exportação para um empresário que me conhecia da empresa. Com problemas financeiros, eu me sentia perdida, e um dia, confesso, pensei em suicídio. Afinal, não tinha estrutura emocional nem financeira para aguentar tal situação. No dia em que decidi como faria, entre lágrimas rezei e pedi uma saída para Deus.

Na tarde antes do dia programado para eu finalizar a minha vida, meu pai conversou comigo e ofereceu ajuda e, à noite, meu professor de inglês da Escola Vydia Idiomas – Mathew Melukunnel (meu amigo até hoje) – me ofereceu um empréstimo. Lembro-me nitidamente dos cheques.

Acordava de madrugada para trabalhar, pois era muito longe e precisava pegar o trem, até que minha melhor amiga Kátia Gouveia comentou sobre um trabalho na área de sistemas de comércio exterior, e minha experiência foi fundamental para a contratação. Eu não queria, mas eu precisava financeiramente. Aprendi muito em consultoria de sistemas (flexibilidade, improvisos, relacionamento com o cliente). Nesse tempo me casei, continuei trabalhando com Comex (projetos TI, viagens, horas extras). Com o tempo pedi para me demitirem, treinei pessoas no meu lugar e com a rescisão investi no curso de SD (*Sales & Distribution*) na SAP e menos de dois meses depois estava na área de suporte internacional, como era meu objetivo.

Profissionalmente e financeiramente estava muito bem, mas a vida pessoal não foi priorizada, resultado: separação. Preferi sair de um padrão de vida médio-alto e reconstruir minha vida. Na época tive problemas de saúde sérios. Enfrentei preconceito familiar, perdi dinheiro, aluguei imóvel, mudei de cidade, sofri muito, mas sabia que estava no caminho certo e, como já atuava como astróloga, entender e me preparar para a melhor fase era o segredo.

Foi o que aconteceu com o dinheiro que eu economizei nesse tempo, entre renda principal e renda extra, consegui comprar um imóvel, uma cobertura pequena em São Paulo (meu sonho de morar no alto); foi o começo de uma nova fase. Nesse local, no mesmo andar, conheci meu marido atual, casamos no Taiti e estamos há nove anos juntos e com uma filha maravilhosa.

Renda extra – o grande patrocinador de sonhos

Esta é uma das chaves do sucesso financeiro, os três pilares do *coaching* financeiro (renda principal, renda extra e renda passiva), e pelo qual me interessei após uma cliente de mapa astrológico me pedir para ajudá-la a trazer clareza e direcionamento de metas. Hoje meu público são funcionários, empreendedores, médicos e *coachees*.

Clareza e comprometimento com sua meta de renda extra é fundamental. Dessa renda extra, vinculamos um "pote" financeiro, no qual você irá investir diariamente, ou pelo menos parte dele.

Algumas pessoas (como eu) doam um percentual desse extra, seguindo o princípio da fartura e o ciclo da prosperidade. Ouço pessoas que não conseguem gerar renda extra, por falta de "tempo". Na verdade, é porque não estão dispostas a pagar o preço para realizar os sonhos.

Atendo até de madrugada, pois a diferença de fuso horário com outros países me permite, bem como as pessoas muito ocupadas, principalmente mulheres (trabalho, família, etc.). Atuo como astróloga há 14 anos, paralelamente ao meu trabalho em empresa privada. Tenho família, gatos e também durmo, porém tudo isso é possível quando você se compromete consigo e com suas metas, faz um plano de ação estratégico e, verdadeiramente, ama o que faz. Esse é o diferencial daquele que planeja e realiza. "Se falta de tempo realmente fosse uma justificativa para você não tirar seus projetos do papel somente os desocupados teriam sucesso". (Flávio Augusto da Silva)

Posso dizer que há 28 anos sou geradora de renda extra. A compra do meu apartamento atual foi resultado de planejamento, com datas "favoráveis", "ações" considerando meus potenciais natos, respeitando meus tempos interno e externo, identificados por meio de análise astrológica diferenciada, inovadora e única, a qual possibilitou resultados extraordinários.

Renda extra x vocação x missão de vida x resultados extraordinários

Por meio do processo de *life coaching* e do mapa astrológico, é possível identificar suas potencialidades, habilidades, sua vocação, direcionar muito melhor suas decisões com o processo de *coaching* financeiro, estabelecer estratégias para geração da sua renda extra, passiva, investimentos, administração da renda principal, posicionamento da sua marca, eliminando todo e qualquer "ruído" ou crença limitante que possa afastá-lo do seu resultado final. Especializei-me em *coaching* vocacional também por acreditar que o sucesso pessoal e financeiro, conciliando dons e habilidades com sua realidade, é fundamental para um resultado saudável e satisfatório. Acredito que o sucesso financeiro é uma consequência da sua habilidade e vocação aplicada na prática.

Seja você mesmo = a chave do sucesso da realização pessoal e financeira

"Seja líder de si mesmo e poderá liderar quem você quiser."
(Rogério Martins).

Existe uma grande diferença no resultado final, entre aquela pessoa que conquistou seu sonho, incluindo as pessoas que são importantes para ela (família, amigos e ela mesma), daquela que somente focou o resultado final profissional ou financeiro. Percebo nitidamente que, no último caso, existe a felicidade momentânea da conquista, mas, infelizmente, há grande frustração interna em ter sacrificado algumas áreas da vida (amigos, família, filhos), momentos que, muitas vezes, não voltam mais, importantes para ela, porém esquecidos.

Astrologia profissional e *coaching* = uma parceria que dá certo!

Durante todos estes anos, busquei conhecimento em fontes nacionais e internacionais, mentorias com os melhores profissionais de astrologia e *coaching*, com o objetivo de trazer excelência aos atendimentos e sessões, criando um método único e inovador: o Método Astrocoaching MB.

É possível conseguir resultados mais rápidos e um planejamento estratégico muito melhor direcionado, respeitando sempre a essência do cliente, mais do que em métodos tradicionais conhecidos.

Roda da Vida - Método Astrocoaching MB
Ciclos de Vida – Método Astrocoaching MB (Ciclo de Júpiter e Saturno)

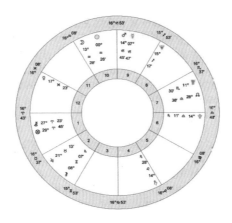

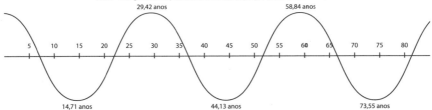

Referência
TOWNLEY, John. *Ciclos astrológicos e períodos de crise.* São Paulo: Editora Pensamento, 1995. pp. 50-58.

Capítulo 20

A sustentabilidade das naturezas humana e profissional

Rossana Perassolo

A real grande virada que qualquer metodologia pode oferecer na vida de uma pessoa é um reencontro com alguém que tínhamos esquecido que existia, mas que sempre esteve aqui. Uma virada para finalmente realizar o que viemos desempenhar nesta existência. É olhar para o que passou com gratidão e assumir de uma vez por todas o caminho que quer trilhar.

Rossana Perassolo

Master coach e mentora formada pela Sociedade Brasileira de *Coaching*, com especializações em psicologia positiva, carreira, *leader, executive, business, mentoring, personal & professional coaching*. Certificações internacionais pela *Association for Coaching* (AC) e pelo *Institute of Coaching Research* (ICR). Analista comportamental formada em teorias DISC e motivadores pela TTI Success Insights. Analista comportamental formada em DISC, *attributes & values* pela IMX Innermetrix. Formada em Publicidade e Propaganda pela UFMT, com MBA em *marketing* pela ESPM. Por 15 anos atuou em grandes multinacionais da indústria de tecnologia da informação, 12 deles liderando times em todos os continentes, especialista em implementar, desenvolver e manter times de alta *performance* em diferentes países.

Contato
www.rossanaperassolo.com

Um dia desses você acorda e percebe que está indo na direção errada, há anos, décadas talvez. Intimamente sabe que algo não está tão bem como gostaria, aquele emprego não lhe traz a tal realização, mas levanta todos os dias para ir até lá e acaba sendo muito "bem-sucedido", superando metas e sendo reconhecido. Quantos conhecidos seus podem se dizer tão privilegiados quanto você?

No entanto, um dia percebe que se afastou de si mesmo há muito tempo e já não sabe quem é de verdade. As férias são cada vez mais esperadas, os finais de semana passam mais rápido, os dias "úteis" se arrastam. Dos sete dias da semana, você gosta de verdade de apenas dois, que na grande parte do tempo aproveita para fazer nada ou muito pouco. E, finalmente, decide que é a hora da virada!

Porque sucesso sem felicidade é fracasso. Uma vida realmente de sucesso não acontece por acaso, ela deve ser projetada todos os dias. Se você ainda não chegou lá, entenda que há um caminho a ser percorrido com intenção, disciplina e pequenos passos a cada dia. As etapas difíceis são temporárias e necessárias para que se torne quem quer ser.

Como virar o jogo, sem volta?

Tão importante quanto a virada é que ela seja duradoura e sistêmica, extensiva a outras áreas. A mudança mais representativa é a de mentalidade: o *mindset*. A vida se sustenta sobre quatro aspectos que adoto na minha metodologia de desenvolvimento profissional. Busco conscientizar as pessoas para um equilíbrio pleno desses aspectos: o bem-estar, o propósito de vida, as crenças e a carreira, que devem caminhar juntos. Feito isso, jamais queremos voltar ao estágio inicial. Portanto, pensar em uma base forte, cuidar da execução, da conquista de objetivos e, principalmente, da manutenção do que foi conquistado é fundamental para construir o modelo de trabalho que queira seguir.

Parte do que faço hoje inclui o *coaching* e algumas coisas me encantaram nele desde o momento em que o adotei para o meu trabalho com o Desenvolvimento Profissional e que já iam ao encontro das minhas crenças pessoais: ações no presente, com foco no futuro. E, sempre que possível, curtindo a jornada.

Há muito mais coisas nas minhas mãos, e só posso mudar a mim mesmo. Mas quando faço isso, mudo meu modelo de mundo e, ao me transformar, sou capaz de mudar o mundo ao meu redor, a partir de mim apenas.

Esses pensamentos expandem o universo de possibilidades, fazer as perguntas certas promove um autoconhecimento profundo, que é a base de tudo.

Ter um profissional qualificado ao seu lado pode ajudar muito, porém a mudança exige muito trabalho próprio para fazer acontecer.

Os pilares para uma virada duradoura

Estão presentes durante todo o processo de desenvolvimento, juntos, mas cada um deles tem seu papel mais marcante em determinado ângulo da virada.

Se você espera uma receita de bolo, sinto muito em desapontar, mas não irá encontrar nada disso aqui. O que verdadeiramente irá encontrar é uma espinha dorsal, que respeita a individualidade de cada um.

Com o tempo, desenvolvi uma metodologia própria – os 4 S's do DNA Profissional –, que consiste em fazer o correto diagnóstico e dar diretrizes, respeitando a natureza humana de cada um, com foco nas ações e nas mudanças de atitudes necessárias para fazer acontecer.

Somos diferentes uns dos outros e, embora eu siga uma metodologia estruturada, é fundamental respeitar essa unicidade para chegar à alta *performance* pessoal e profissional.

Os 4 S's do DNA profissional
SENSIBILIDADE

> "Conhece-te a ti mesmo e conhecerás o universo e os deuses."
> Sócrates

O autoconhecimento é a base para a alta *performance* pessoal e profissional. A seguir, algumas dicas de como melhorar seu autoconhecimento.

- **Estudos de perfil ajudam nesta etapa:** DISC, Motivadores (forças impulsionadoras), Quociente de Inteligência Positiva, Sabotadores, Forças de Caráter, Consultoria Postural com Fisioterapeuta. Alguns deles são pagos, outros gratuitos. Tenha em mente que mais importante que fazer os estudos e ver o resumo do resultado é a interpretação dos relatórios e a reflexão sobre eles. Leia todas as linhas, anote o que faz ou não sentido, pergunte a especialistas, do contrário, estará desperdiçando ferramentas incríveis. Procure na página rossanaperassolo.com as dicas para autoconhecimento e Mapeamento

Comportamental sobre como fazer cada um dos testes.

- **Faça as perguntas certas**: os estudos terão ajudado a responder algumas, mas é você quem valida os resultados. Quais as minhas forças? Do que eu realmente gosto? Quais os meus limites? O que quero realizar em minha vida? E neste ano? Faça as perguntas certas e as respostas certas virão. E pare de dizer que não se conhece, é uma grande mentira que conta a si mesmo. Ninguém o conhece melhor do que você, talvez só precise de um pouco de tempo fazendo as perguntas certas e assumir a si como prioridade em sua vida.

- **Monte um verdadeiro mapa**: coloque no papel cada uma dessas descobertas. Uma lista das suas forças, dos seus talentos, seus motivadores, seu propósito, seus valores pessoais e virtudes. Revise este mapa diariamente até visualizá-lo de olhos fechados.

- **Propósito e missão**: o que eu quero realizar nesta vida?
  Agora que já se conhece melhor, o que veio realizar neste mundo? Qual o seu propósito, missão (de vida ou para o momento em que está)? Quais os seus principais objetivos?
  O tema é muito mais amplo do que possa ser tratado aqui, merece um capítulo, todo um livro até, à parte. Válido saber que não há clareza de propósito e missão sem uma etapa de sensibilidade muito bem coberta.
  Com um propósito claro, definido por você, respeitando seus valores pessoais, usando seus talentos para alcançar seus objetivos, é que você fica feliz em acordar, qualquer dia da semana, antes do despertador tocar.
  Tem tudo a ver com quem você é na essência e seus objetivos de vida. Quanto à busca pelo propósito ou pela missão, não pense como sendo o destino, mas, sim, a jornada, e a desfrute.

SUPERAÇÃO

"Tudo o que a mente humana pode conceber, ela pode conquistar."
Napoleon Hill

A capacidade humana é extraordinária, mas muitos passam uma vida acreditando que não são capazes ou que é impossível e desistem antes mesmo de tentar.

Esta etapa consiste em provocar os objetivos reais, contestando as vozes internas que nos dizem constantemente que não vamos conseguir.

Há diversas ferramentas para elaboração de objetivos, mas uma bem prática e fácil de replicar é a meta SMART, amplamente utilizada desde 1981 por gestores do mundo todo. É a sigla em inglês para específica, mensurável, atingível, relevante, com tempo definido.

Esta é a etapa em que a definimos e é importante que seja uma meta desafiadora, ainda que seja atingível. Por isso, a SUPERAÇÃO, a provocação para querer realizar o que é capaz realmente, sem subestimar-se mais, sem ouvir as mentiras que conta a si mesmo há tanto tempo, que impedem você de tornar-se a pessoa que nasceu para ser.

Planejamento estratégico

Agora você precisa de um plano estruturado para fazer acontecer. Até aqui estamos a 180 graus, é muito, mas não o suficiente para a virada completa, de 360 graus. Agora é trabalho, empenho, pensar em formas claras para fazer acontecer.

Você é um alto executivo de sucesso e agora quer abrir um negócio próprio de alimentos orgânicos, mas não sabe nada ainda a respeito? Parabéns, você voltou à etapa de estagiário da sua carreira! Estude muito e desenvolva-se na nova área. Você acha que já pesquisou muito porque decidiu que é isso que quer fazer? Estude dez vezes mais, fale com as pessoas que fazem algo parecido, aprenda o tempo todo. Aí, sim, seu plano terá considerado tudo (será?).

É hora de começar a nova faculdade, com frio na barriga mesmo, às vezes sendo o mais velho da turma. De cortar os cartões de crédito, mudar para um apartamento mais barato e criar um controle diário de gastos para sair de devedor a investidor e alcançar a sua independência financeira.

Hora de baixar a guarda e mostrar a quem o cerca que você não é tão durão quanto sempre mostrou, e que quer ser uma pessoa melhor a cada dia. Não espere ter o plano todo feito para só então agir. Se fizer isso, perdeu tempo. Sempre há algo a ser feito, hoje, todos os dias, pequenas ou grandes coisas, para ir em direção ao que você quer.

Se pensar na virada o assusta ou o paralisa de alguma forma, a dica é: dê um passo de cada vez.

SUCESSO

"Sucesso é algo que você atrai pela pessoa em que se transforma."
Jim Rohn

Com as etapas anteriores bem executadas, esta é consequência mais natural e passa a ser o caminho, e não o destino.

Fundamental estabelecer pequenas vitórias no dia a dia, comemorar sempre. Mensure sua conquista, pare um pouco para desfrutá-la, viva o momento presente. Lembre-se de que sucesso sem felicidade é fracasso.

Felicidade é outro tema muito amplo para ser tocado aqui, mas apenas perceba se essa conquista lhe traz alegria e bem-estar. Do contrário, repense e sempre é tempo de ajustar o rumo e continuar no comando.

Jim Rohn também dizia que raramente o seu nível de sucesso superaria o seu nível de desenvolvimento pessoal, então faça o movimento correto. A sua virada pessoal ou profissional vai exigir intenso autodesenvolvimento no que você quer ser melhor sucedido. O autodesenvolvimento pode vir com a prática de uma nova profissão ou esporte, com mentorias, com cursos, com o hábito da leitura, ou com a soma de tudo isso.

É aqui que olhamos para trás e já não reconhecemos aquela pessoa que éramos antes, porque quando a virada acontece de forma completa, nos reencontramos com quem realmente somos, e é a única imagem que enxergamos.

Nesses anos trabalhando com desenvolvimento profissional, vi viradas fascinantes, inspiradoras, conquistas incríveis. Líderes, pais, executivos, empresários, estudantes, cada um à sua maneira única, respeitando sua natureza, buscando seus objetivos.

Aqui vai um pouquinho de uma dessas histórias, a de uma jovem promissora que deixou a careira corporativa como executiva de contas para ser professora de *yoga*. Quando Jaque Sessa finalmente disse em voz alta que queria trabalhar com *yoga*, veio o conflito trazido pela crença de que não teria a remuneração desejada fazendo o que ama. Essa é uma crença que muitos ainda me trazem. Muitas possibilidades lhe ocorreram, entre elas o trabalho com *yoga* em paralelo e um emprego no mundo corporativo para atender à questão financeira.

Porém, se estava disposta a colocar energia para fazer dois trabalhos darem certo, por que não dedicar-se totalmente ao que realmente ama até que consiga os resultados desejados, em todos os quesitos? É fundamental ter claro aonde quer chegar, para poder fazer as perguntas certas, que são as que trazem as respostas certas: "o que o move em ter essa nova profissão?", "como estruturar suas aulas?", "quais os serviços e diferenciais que você quer oferecer, que expressam quem você é e vão agregar mais valor aos seus alunos e clientes?", "qual a remuneração desejada a curto, médio e longo prazos?", "onde você está hoje?", "qual a distância entre ponto atual e objetivo a curto prazo, como viabilizar?". E muitas outras perguntas que trazem à reflexão, ao planejamento e à ação. Depois de muito estudo, formações sérias, muita leitura, mentorias, planejamento estratégico, parcerias, e muito (muito!) trabalho, é importante saber que a reflexão e os ajustes "em voo" continuam.

Um capítulo inteiro seria insuficiente para contar a história dela. No meu *site* você encontra o depoimento completo da Jaque e de outras pessoas incríveis como ela, vale a pena conferir.

Falar só do sucesso das pessoas é falar apenas da ponta do *iceberg*. São exemplos de superação, de muito trabalho e de coragem para continuar buscando seus sonhos mesmo nos dias sem motivação. O sucesso é a parte visível. Todo o trabalho, preparação e as dores que levam a ele, não. Esqueça essa história de que não é possível e comece a pensar em como viabilizar o que você quer.

SUSTENTABILIDADE

"Parte da coragem é simples consistência."
Peggy Noonan

Tão importante quanto chegar ao objetivo é sustentá-lo. É isso que consolida de verdade uma virada. Alcançar sua meta exige a adoção de novos hábitos e a tomada de muitas ações. A vida toda é uma grande viagem em direção a quem nascemos para ser.

Essa é a etapa em que um plano de manutenção é feito, seja para manter a empregabilidade, para continuar desenvolvendo a carreira, para desenvolver outras áreas complementares, para reforçar hábitos novos. Caso o seu objetivo exija uma manutenção constante, lembre-se de respeitar os descansos, fazer intervalos programados, soltar as rédeas. Você continua no controle, mas viva uma vida leve, desfrute o caminho.

Ajustes e correções de rota são grandes aliados. Muitas vezes, no início, a decisão de mudar é tomada de forma forte e estruturada, porém, ao longo do tempo, alinhamentos podem ser necessários, já que o autoconhecimento evolui de acordo com a jornada. Atenção e intenção em tudo o que fizer vai mantê-lo conectado consigo mesmo. Entenda que você está em desenvolvimento por toda a sua vida e junto com você desenvolve-se também seu caminho.

Quando começar? A vida é agora.

Referências

S. DWECK, Carol. *Mindset: a nova psicologia do sucesso*. Editora Objetiva, 2017.

GALLWEY, W. Timothy. *O jogo interior do tênis: o guia clássico para o lado mental da excelência no desempenho*. Editora SportBook, 2015.

HILL, Napoleon. *Quem pensa enriquece*. Editora Fundamento, 2015.

DORAN, George T. *There's a S.M.A.R.T. way to write management's goals and objectives*. Management Review, 1981.

Capítulo 21

Você já experimentou os benefícios do autocoaching?

Silvia Queiroz

O *coaching* ganha adeptos mundo afora devido à sua eficiência que, via de regra, muda drasticamente a vida das pessoas. Mas muitos não sabem que há uma forma de usufruir seus benefícios por meio da autoaplicação de suas ferramentas. Acompanhe-me nesta leitura e aprenda a desfrutar as vantagens do *autocoaching*.

Silvia Queiroz

Psicóloga formada há 19 anos, possui três pós-graduações *lato sensu*, incluindo um MBA em gestão estratégica de pessoas pela FGV/RS. Em 2015 concluiu seu mestrado acadêmico na renomada Faculdades EST/RS. É *coach* e analista *DISC* com certificação internacional pela Sociedade Latino Americana de *Coaching* – SLAC/SP. Como palestrante, é especializada em desenvolvimento humano e liderança, trabalhando o impacto do comportamento e das emoções na vida de líderes e liderados. Já participou de coautoria em livros acadêmicos e de autoajuda, sendo *O poder do óbvio* (Literare Books, 2019) o último deles. Também é Haggai Alumni, tendo participado do Haggai Leader Experience em Mauí/Havaí em outubro de 2017. É membro do Clube de Oratória e Liderança Open POA do *Toastmasters* Internacional. Além dessas atuações, ministra cursos e treinamentos. Tem por propósito incentivar pessoas por meio de sua vida, história e conhecimento, como um instrumento de transformação social e pessoal.

Contatos
www.palestrantesdobrasil.com
www.conanve.com.br
silviahbsq@yahoo.com.br
Facebook: SilviaLocupleto
LinkedIn: Psicóloga e Palestrante Silvia Queiroz
Instagram: silviahbs_queiroz
(51) 98436-4859

> "Quando estamos motivados por metas que têm significados profundos, por sonhos que precisam ser realizados, (...) então nós vivemos verdadeiramente a vida."
> Greg Anderson

Na atualidade, vemos muitas pessoas dispostas e comprometidas com as mudanças pessoais e profissionais para dar uma guinada na vida! Afinal, as demandas do mundo corporativo, em geral, são inúmeras e, por vezes, ameaçadoras. Não é à toa que metodologias como o *life coaching* e o *executive coaching* têm sido extremamente procuradas. Enquanto no *life coaching*, por exemplo, *coach* e *coachee* fazem uma parceria com objetivo de alcançar metas pessoais e/ou profissionais, pelas quais o *coachee* anseia, no *executive coaching* empresas contratam *coaches* para que seus líderes e altos executivos alinhem os alvos e tenham ganhos de produtividade, elevando a empresa para posições estratégicas e competitivas no mercado.

Mas será que essa metodologia fantástica pode trazer benefícios também se for aplicada pelo *coachee* em si mesmo? E será que pessoas que nunca foram *coachees* podem usar essa estratégia? É realmente possível falar sobre *autocoaching*? Sim, sim e sim!!! A fascinante metodologia do *coaching* pode e deve ser autoaplicada, embora, neste caso, faça-se necessário maior engajamento do *coachee*. No processo *coach–coachee*, o profissional do *coaching* tem o papel fundamental de trazer o seu cliente à responsabilidade por sua meta ou objetivo. Apesar de não tomar nenhuma decisão que pertence ao *coachee*, o *coach* está ali para incentivar e, até mesmo, "cobrar" a boa *performance* e o alcance dos resultados, função que no processo de *autocoaching* terá que ser assumida pelo próprio *coachee*. E isso é bem mais desafiador! Porém, não é, de modo algum, impossível. A bem da verdade, os *coachees* que já passaram por mais de um ciclo de *coaching* terminam aprendendo a pensar com foco em soluções, mudando seu modelo mental e colocando ênfase em seu *locus* interno. Isso se torna tão comum que a pessoa entra num estado automático de pensamento e, quando menos imagina, está se fazendo uma "pergunta poderosa" ou planejando com especificidade e mensuração de tempo. Mas tem mais! Eu acredito que é totalmente viável o uso do *autocoaching* por quem nunca protagonizou uma sessão de *coaching*. Após um treinamento ou mesmo uma palestra sobre o assunto, pode-se internalizar alguns conceitos básicos e passar a pensar estrategicamente sobre seus sonhos e objetivos de vida. Obviamente, as pessoas que recebem informações superficiais de como o processo funciona não estarão aptas para usar a metodologia com outros e não poderão se considerar *coaches*, mas poderão desfrutar de parte dos benefícios que o *coaching* tem a oferecer.

No entanto, se engana quem acredita que o *autocoaching* se resume apenas a desenvolver diálogos internos. É óbvio que a pessoa que está tentando se aperfeiçoar pensa, reflete em busca de soluções. Mas a grande diferença é que nesse processo essa reflexão passa a ser estruturada, visando a conscientização daquilo que se quer mudar, bem como assumindo um comprometimento com essa mudança. Assim como o *coaching*, o *autocoaching* tem pilares bem definidos. Esses pilares são aspectos fundamentais que devem ser considerados e seguidos para que o processo gere os devidos resultados. São quatro etapas. Na primeira, é preciso se estabelecer a meta a ser alcançada. Em seguida, traça-se um plano de ação, para que atitudes e ações sejam adotadas e constantemente avaliadas. Só assim se terá êxito no alcance dos resultados.

Na etapa um, a meta é definida. Essa fase é muito importante para o processo como um todo, pois a pessoa precisa ter clareza de quais são as suas prioridades de mudança. Todo mundo quer muitas coisas na vida, mas, para o processo de *autocoaching*, prioridades precisam ser elencadas. Portanto, a meta precisa passar por "funis" ou "filtros" que a depurarão. Para tanto, sugiro que se comece com a técnica da Roda da Vida. Imagine um círculo cortado em oito fatias, como uma pizza, no qual cada fatia corresponde a uma área de sua vida. As áreas poderiam ser: saúde, carreira, finanças, relacionamento conjugal, vida espiritual, vida emocional, lazer, relacionamento com amigos, por exemplo. Olhe para a Roda da Vida e dê notas de 0 a 10 de acordo com seu nível de satisfação para cada uma das fatias/áreas. Pergunte-se: "há algo que poderia melhorar nessa área de minha vida?", "estou feliz com a nota que dei a essa área?". Uma vez que souber as respostas, pergunte-se: "quais os motivos que estão me levando a esse nível de insatisfação com essa área?". Procure elencar todas as suas respostas, pois elas nortearão o estabelecimento de sua meta de melhoria. Por fim, escolha por onde quer começar a sua grande transformação pessoal. Em qual das áreas você quer colocar foco primeiro? Qual será o primeiro objetivo de mudança?

Outro método fantástico de refinamento de metas é a metodologia SMART (um acrônimo dos termos em inglês *Specific, Measurable, Attainable, Realistic, Time Bound*), que define alguns filtros importantes. De acordo com a SMART, sua meta precisa ser específica (S – *Specific*). Quanto mais específica melhor! Tal como: "Em um ano quero ir morar na Inglaterra na cidade de Manchester, num apartamento na região central, na Rua 'X' perto do metrô para poder fazer tudo de trem ou andando". A especificidade evita que você estabeleça uma meta subjetiva, sem precisão, como por exemplo: "ser feliz" ou "ter sucesso". A felicidade e o sucesso são exemplos da não obviedade de uma meta, já que podem significar coisas diferentes para pessoas diferentes. Já morar em um lugar "X", na rua "Y" até a data "Z" são objetivos específicos que podem significar sucesso e felicidade para alguns. De modo semelhante, sua meta precisa ser mensurável (M – *Measurable*), ou seja, tem que ser passível de mensuração, medida, verificação. Veja, se você é um vendedor e quer ter um incremento em suas vendas, pode se perguntar: "quanto eu tenho que vender a mais, mês a mês, para alcançar o crescimento que desejo e por quanto tempo?". Responder a essa medida não apenas garantirá que seu objetivo seja atingido como norteará a organização temporal e das ações implementadas. Além disso, as metas precisam realmente ser alcançáveis (A – *Attainable*). Por exemplo, imagine que seu objetivo seja juntar R$ 100.000,00 em um ano, sendo que você só consegue reinvestir R$ 500,00 por mês de seu salário. A menos que um grande milagre aconteça e você encontre formas de incrementar seus dividendos mensais, é muito improvável que junte o montante desejado, o que pode gerar frustração e desesperança. Nesse caso, talvez você devesse objetivar primeiro o incremento de sua renda para depois lançar uma nova meta de juntar os R$ 100.000,00. Toda meta também tem que ser relevante (R – *Relevant*), ou seja, deve estar relacionada ao seu propósito de vida ou com aquilo que lhe dê a sensação de realização. Perceba que para alguém que deseja muito realizar trabalhos sociais voluntários, focar em ter um emprego que proporcione um tempo semanal para ajudar pessoas e instituições é uma meta bastante relevante. Alcançar essa meta significa encontrar muito mais que um sustento financeiro, mas a realização pessoal e alinhamento com seu propósito vital. E isso é fundamental! Por fim, mas não menos importante, é preciso definir prazos (T – *Time Bound*)!! Não apenas o prazo em que a meta geral será alcançada, mas os prazos de todas as ações necessárias para o grande alvo ser atingido. No caso do exemplo da mudança de país, é fundamental saber o dia e hora do embarque/mudança, mas também é preciso estabelecer data e hora para providenciar a compra/venda de imóveis, para se adquirir documentos necessários ou para se matricular os filhos na nova escola. Tudo precisa ser datado e ter hora marcada, de modo que na fase dois seja possível o acompanhamento semanal/mensal das ações realizadas.

Uma outra ferramenta importante de acompanhamento de metas e que corrobora a SMART é a 5W2H. Por meio do *What* (O que quer?) você mais uma vez depura sua meta, definindo exatamente o que deseja como objetivo principal e primeiro. Por outro lado, seu alvo precisa mesmo estar alinhado com seu propósito de vida, sendo relevante! O *Why* (Por quê?) questiona por que você deseja alcançar algo, elegendo suas prioridades a partir de valores, princípios, crenças e propósitos que o definem como ser humano. Se você não tem clareza do "por que" se quer realizar algo, então você correrá o risco de boicotar o seu processo de crescimento. Os valores são as "regras do jogo", os quais não vamos abrir mão por um sonho ou objetivo, e se assim o fizermos, faremos pagando algum preço desnecessário. Os três "Ws" restantes e os "Hs" servem para a fase dois, que é a fase do planejamento para a ação. Tendo esse entendimento, imagine que pensar no *Who* (Quem fará?) se faz necessário. Parece bobagem, mas você deve definir quem é ou quem são os responsáveis para cada ação que será tomada, principalmente se sua meta é um objetivo familiar, no qual mais atores precisam se organizar e participar do processo. O *"Who"* também pode ser usado para elencar personagens que vão ajudá-lo no percurso, pessoas que podem auxiliá-lo facilitando sua vida, resolvendo pendências ou burocracias, por exemplo. Com o *When* (Quando?), você estipulará as datas em que cada ação se realizará, incluindo até mesmo horários. Já o *Where* (Onde?) é importante para se definir onde as ações serão executadas; se em um ou em vários locais, o fundamental é que seja planejado. *How* (Como?) é o primeiro passo em que o plano de ação toma forma, pois é quando os detalhes serão pensados: "como vou bater o recorde de vendas?", "como posso alugar um apartamento no exterior?" ou "como posso juntar mais recursos mensais sem precisar incrementar meu salário?". Cada detalhe pensado é um passo dado rumo ao objetivo final. *How much* (Quanto custará?), aspecto por vezes relegado, mas fundamental em qualquer tipo de planejamento. É muito importante que tudo, tudo mesmo, seja orçado! Não adianta querer o apartamento dos sonhos e não prever os impostos devidos, por exemplo; ou querer fazer uma viagem internacional e acreditar que o valor pago à companhia de viagem é tudo que terá que investir. É melhor ser honesto e encarar de frente o quanto terá que desembolsar do que ficar padecendo posteriormente. Na fase dois, deve-se fazer uma tabela contemplando cada ação com datas, dias, horários, custos, responsáveis pelas tarefas, etc.

Após o estabelecimento daquilo que deve ser considerado na fase dois, passamos à fase três, que é a ação propriamente dita. É quando cada ação planejada será realizada, é a parte prática do processo. São as ações diárias, semanais, mensais adotadas para que o plano se cumpra. Mas a fase três não vale nada se não for semanalmente acompanhada. E é aí que a fase quatro acontece. O acompanhamento das ações segue lado a lado com a fase três. É na fase quatro que a análise e o acompanhamento das metas são feitos, quando a tabela com as ações é analisada. Trata-se de um momento semanal de *check-up* para qualificação e (re)definição do plano de ação, caso necessário. Nela, deve se perguntar: tudo que foi agendado foi realizado? Precisou desmarcar algo? Quando vai realizar o que não foi feito? Que ações extras você precisará agendar para essa semana? Todas essas observações são fundamentais para o bom andamento de seu *autocoaching*. Uma vez que sua meta está definida e refinada, acorde e vá dormir pensando em como poderá atingir seus objetivos e entre em ação! Lembre-se, seu compromisso com a sua meta e fundamental!

Assim, finda-se o circuito do *autocoaching*! Tudo que será necessário, então, é realizar o passo a passo estipulado para se alcançar o sonho ou a meta desejada. Ao longo do processo não abra mão de se fazer algumas perguntas poderosas, tais como: "que pequeno passo posso dar nesta semana que me levará para mais perto de meu objetivo?", "o que me impediu de realizar meu objetivo semanal?", "essa minha atitude me aproxima ou me afasta de meu sonho?", "o que fiz que não funcionou bem?", "como posso aperfeiçoar esta ação para a próxima semana?" ou "que ações já realizei no passado que podem me ajudar com esta meta?".

Como pode notar, o *autocoaching* é uma forma importante de organização pessoal. Com ele é possível trazer à realidade coisas inimagináveis ou planos que pareceriam difíceis de se cumprir, mas que com a devida organização e acompanhamento se tornam reais. Não tarde em lançar mão dessa metodologia e de usufruir os seus benefícios! Quanto antes você começar, mais rápido aprenderá que seus sonhos podem se tornar realidade e o quão extraordinário é viver intensa e verdadeiramente a vida! Conte comigo sempre!

Capítulo 22

Afinal, em que momento acontece a virada na carreira profissional?

Valtermario Rodrigues

Após a leitura deste capítulo, você, leitor, vai conhecer os conceitos, finalidades, metodologias, exemplos e benefícios do processo de *coaching* e refletir sobre em que momentos podem acontecer "viradas" em sua vida pessoal e em sua carreira profissional, bem como de que maneira o *coaching* pode contribuir com sua evolução e realização de metas e sonhos.

Valtermario Rodrigues

Analista administrativo sênior da Distribuidora Automotiva S/A – Filial Salvador, empresa do Grupo Comolatti. Administrador de Empresas graduado pela UNICENID – Faculdade de Ciências Gerenciais da Bahia (2007). MBA em Gestão de Empresas (2008) pelo CENID Business School. Membro do Núcleo de Estudos Gestão das Organizações – CRA/BA – Conselho Regional de Administração – em 2011. MBA em Liderança *Coaching* pela UNICON – União dos Consultores do Brasil – Faculdade Hélio Rocha (2017). Coautor do livro *Ser mais inovador em RH* (2010) (Editora Ser Mais). Coautor do livro *Motivação em vendas* – 2011 (Editora França). Coautor do livro *Planejamento estratégico para a vida* – 2015 (Editora Ser Mais). Artigos publicados nas Revistas: Ser Mais, *Coaching* em Revista e Revista Brasileira de Administração. Colunista do Jornal Balcão Automotivo – www.jornalbalcaoautomotivo.com.br.

Contatos
waltermario@bol.com.br
(71) 99194-7690 / (71) 98637-9119

> "Sem sonhos, a vida não tem brilho. Sem metas, os sonhos não têm alicerces. Sem prioridades, os sonhos não se tornam reais."
>
> Augusto Cury

"O que você quer ser quando crescer?"

É bastante comum ouvirmos essa pergunta durante a infância, época em que respondemos até com certa facilidade: "quero ser médico, administrador de empresas, engenheiro, advogado...", enfim. Não sei se essas respostas, de "bate e pronto", têm alguma explicação científica, porém acredito que nessa fase da vida estamos relativamente livres de influências externas e até das experiências que vivenciamos com o avançar do tempo.

Acontece que você cresceu e, já na fase adulta, ainda não sabe qual profissão deseja seguir e isso, de certa forma, o incomoda. Calma! Não se desespere! O *coaching* pode ajudá-lo a encontrar essa resposta.

Durante nossa fase de crescimento e desenvolvimento, até chegarmos à fase adulta, muita coisa pode acontecer e, digamos, seja normal não termos a resposta para essa pergunta ou, de repente, termos a certeza de que aquela resposta dada na infância não condiz com o nosso atual perfil ou desejo.

Para exemplificar, listamos algumas situações, fictícias ou não, que demonstram os motivos de tais dúvidas, afinal, "a hora da virada" pode acontecer, seja por uma questão de oportunidade, de atitude, de imposição, de talento, de momento, de destino, de sorte, de crenças, dentre outras.

Oportunidade

Um jovem, por questões financeiras, matriculou-se em um determinado curso na faculdade, concluiu após quatro anos de muita entrega, mas não se sente feliz. Conquistou o nível superior em uma profissão que não se identifica, pois o curso do seu sonho, na época, tinha um custo que não cabia em seu orçamento.

Atitude

Não podemos pecar por paralisia. A falta de atitude é motivo de muitos sonhos não conquistados. Recomendo a leitura do livro *Quem mexeu no meu queijo?* Uma parábola interessante, onde quatro pequenos personagens correm por meio de um labirinto à procura de queijo para alimentá-los e fazê-los felizes.

Dois eram ratos, chamados Sniff e Scurry, e dois duendes – chamados Hem e Haw. Um dia, eles descobriram o que estavam procurando – encontraram seu próprio tipo de queijo no final de um dos corredores.

A partir daí, uma rotina diferente foi estabelecida pelos quatro personagens. Enquanto Sniff e Scurry não se acomodaram e continuaram a acordar cedo todos os dias e correr pelo labirinto, seguindo sempre o mesmo caminho, pois tinham consciência de que um dia o queijo poderia acabar, aos duendes, Hem e Haw, faltava atitude. Acordavam todos os dias um pouco mais tarde, vestiam-se sem muita pressa e caminhavam até o Posto C, afinal, agora sabiam onde o queijo estava e como chegar lá. Um dia o queijo acabou. Para saber o restante da história, eu recomendo a leitura desse excelente livro.

Imposição

O sonho de um renomado advogado era ver seu filho seguindo a mesma carreira. O jovem, após ter cursado mais de 60% do curso de direito, descobriu que essa não era a sua vocação, desistiu e resolveu seguir carreira em outra profissão (arquitetura). Esse fato comprova a importância de cada um seguir em busca da conquista do seu próprio sonho.

Crença

Um garoto, na infância, acreditava que a profissão dos seus sonhos seria a medicina. Aos 14 anos, iniciou treinamentos em basquete, motivado por alguns familiares e amigos pois, nessa idade, ele já media 1,80m. Identificou-se com esse esporte e seu talento aliado a uma grande rotina de treinamentos, favorecido por sua altura e pelo porte físico, tem se aprimorado a cada dia e, com isso, as chances de conquistar o sucesso na carreira em breve espaço de tempo são reais.

Talento

Hoje, aos 18 anos e com um vigor físico invejável, podemos dizer que o momento da primeira virada na vida desse outro garoto, que caminha a passos largos rumo às olimpíadas, aconteceu ainda na infância quando, por orientação médica, começou dar seus primeiros passos na natação, com a finalidade de melhorar sua condição de saúde. A trajetória do futuro campeão olímpico, atual campeão brasileiro em sua categoria, começou desde a infância. Como a carreira de um esportista de alta *performance* é relativamente curta, outras viradas estão previstas para acontecer em sua vida assim que ele encerre a carreira na natação.

Momento

Não podemos perder o *timing*.

O momento da virada em sua carreira profissional pode ser comparado com o momento exato em que um paraquedas deve ser acionado – ou com o arremesso de três pontos no final de uma partida de basquete, com o time dois pontos atrás no placar e o jogador segura a bola, esperando o último segundo para fazer o arremesso de três pontos e ganhar a partida sem dar chance ao adversário contra-atacar – com o momento certo de desligar o fogo e, com isso, evitar chorar pelo "leite derramado" ou, ainda, pode ser comparado com a contagem regressiva no festival da virada (*réveillon*), que não pode passar da meia-noite, pois uma falha no sistema de acionamento dos fogos pode comprometer todo um planejamento e estratégia. Portanto, se a oportunidade que você tanto sonhou chegou, não pense duas vezes, afinal, como diz o ditado: "Cavalo selado só passa uma vez".

Destino

Um jovem resolveu fugir de casa e foi adotado por uma família tradicional em uma cidade vizinha, proprietários de um comércio bastante lucrativo. Com o avançar da idade, essa família afastou-se do comércio e, por gratidão à dedicação desse jovem e por seus filhos biológicos terem seguido outras profissões não demonstrando interesse em assumir o negócio, doou o empreendimento ao filho adotivo que, a partir daí, deu andamento ao negócio com várias inovações, o que possibilitou a continuidade e sucesso da empresa.

1. Afinal, a hora da virada acontece uma única vez ou pode acontecer várias vezes durante sua vida?

2. As etapas vencidas até conquistar o objetivo final podem ser consideradas como viradas?

3. Existe objetivo final ou novos objetivos e sonhos são estabelecidos a cada etapa vencida e, consequentemente, novas viradas acontecem?

Daí vem a pergunta que não quer calar: de que forma o *coaching* pode ajudá-lo a encontrar um caminho, uma resposta ou a conquista de um objetivo ou sonho?

Coaching é uma palavra que existe desde a idade média, quando era utilizada para descrever o condutor de carruagens. Esses profissionais eram chamados de cocheiros, ou aquele que conduz o coche – que era como se chamavam as carruagens. Os cocheiros eram os profissionais que conduziam os passageiros até o destino desejado.

O *coaching* é um método de desenvolvimento humano, conhecido para acelerar resultados, aprimorar habilidades e competências, a fim de que um profissional alcance o alto desempenho. É um processo que une ferramentas e técnicas de diversas ciências para despertar o potencial infinito dos seres humanos.

É finalidade do processo de *coaching* orientar pessoas ou grupo de pessoas na busca por um objetivo, seja ele pessoal ou profissional. É papel do *coach* trabalhar os pontos fracos e pontos fortes do seu cliente (*coachee*), a fim de que, por si próprio, ele consiga descobrir sua realidade atual (ponto A) e com isso vislumbrar o ponto B, ou seja, o ponto que se deseja alcançar em médio ou longo prazo.

De todos os benefícios proporcionados, o maior deles é o aumento de resultados positivos nas diversas áreas da vida do cliente.

O aumento de *performance*, gerado pelo processo, eleva o nível de resultados, trazendo mais realização, satisfação pessoal e profissional, equilíbrio interno e aumento de qualidade de vida.

Por meio do *coaching*, as pessoas têm pela primeira vez acesso a fantásticas técnicas e metodologias que promovem o aumento da excelência humana.

O processo tem início, meio e fim. Isso é definido em comum acordo entre o profissional e o cliente, em função da evolução e do alcance do objetivo do cliente. É realizado em sessões semanais ou quinzenais, personalizadas, com duração aproximada de 60 minutos, podendo ser: individual ou em grupo, presencial ou virtual (telefone, *e-mail*, videoconferência, Skype, etc.).

O método é poderoso para a realização de metas. Um trabalho de alto impacto que traz à tona atitudes necessárias para conquistar os resultados desejados e estabelecer compromissos para as mudanças comportamentais.

O *coach* (profissional) utiliza técnicas e segue uma metodologia de eficácia comprovada, para que o *coachee* encontre respostas a diversos comportamentos que interferem na conquista de objetivos.

Nos processos individuais, cada cliente terá um programa desenhado sob medida para atender às suas aspirações.

O cliente receberá o apoio necessário na busca para realizar metas de curto, médio e longo prazos, por meio da identificação e uso das próprias competências desenvolvidas, como, também, do reconhecimento e superação de suas fragilidades.

O processo de *coaching* visa o desenvolvimento de capacidades individuais, quebra de crenças limitantes, aceleração de resultados, conquistas de metas em curto, médio e longo prazos, alinhamento de expectativas pessoais e profissionais. Conduz uma pessoa do estado atual ao estado desejado, potencializando-a, produz mudanças positivas e duradouras.

É um processo orientado ao futuro, ao alcance de metas e objetivos específicos, com uma abordagem pragmática orientada para resultados. Como metodologia específica, se diferencia das demais. Não é: *mentoring*, aconselhamento, terapia, treinamento, consultoria ou ensino.

O *coach* trabalha com um *coachee*, seja ele uma empresa, um executivo, um líder, uma pessoa ou um grupo, no sentido de gerar novas percepções por meio de perguntas poderosas, técnicas e ferramentas específicas.

Na modalidade de carreira, oferece apoio fundamental para um melhor direcionamento, no sentido de auxiliar o profissional a definir de forma assertiva suas metas, no alinhamento de seus valores, seus objetivos profissionais e, dessa forma, elaborar as melhores estratégias para alcançar os resultados planejados, em um menor espaço de tempo.

Benefícios: adaptabilidade; liderança; definição de valores e crenças; definição de missão e visão; desenvolvimento de planos e ações; desenvolvimento de inteligência e controle emocional; gestão de tempo; organização; aumento do equilíbrio e da harmonia interior; diminuição do estresse; resolução de conflitos e dúvidas; melhoria da autoestima e autoconfiança, além de evolução contínua.

Outras vantagens do método: aprimora a comunicação, melhora os relacionamentos, aumenta a percepção, treina habilidades e capacidades e proporciona o descobrimento de outras. Trabalha pontos, automotiva, permite o autoconhecimento, a tomada de decisões rápidas e assertivas, oferece mais flexibilidade, proporciona a quebra de crenças limitantes, mais foco, etc.

O poder das perguntas no processo de *coaching*

Perguntas poderosas realizadas pelo *coach* levam o indivíduo a reflexões, mexem com suas emoções, e podem impulsioná-lo a realizar ações que o direcionem à conquista dos objetivos e metas, isso com base em princípios éticos e em seus valores.

Fazer perguntas certas é uma arte. Para isso, é necessário escutar atenciosamente, estar totalmente focado no momento e, ao perceber o estado emocional do *coachee*, descobrir o melhor caminho para obter as respostas.

Uma pergunta poderosa gera impacto, provoca emoção e reação, está focada no futuro e não no passado.

A boa sessão de *coaching* estabelece uma relação harmoniosa entre *coach* e *coachee*, conforme o *coach* busca desvendar as reais potencialidades do seu cliente.

Daí a importância da comunicação assertiva e coerente como fator de sucesso no processo, de maneira que flua o aprendizado e a ressignificação dos fatos envolvidos na sessão, mediante uma relação ganha-ganha.

O processo, portanto, utiliza uma metodologia específica que possibilita ao *coachee*, por si só, alcançar suas metas. Todavia, é papel do *coach* identificar, nas entrelinhas, o que realmente deseja o seu cliente e, a partir daí, juntos, montar um planejamento com a finalidade de facilitar a trajetória em direção às metas, propondo desafios no sentido de que se perceba a necessidade de mudança, ganhe autoconfiança e não seja perdido o foco.

> Pensa que em ti está o futuro, e encara
> a tarefa com orgulho e sem medo.
> Aprendes com quem pode ensinar-te as
> experiências daqueles que nos precederam.
> Não permitas que a vida se
> passe sem teres vivido...
> Trecho do poema "Aproveita o Dia", de Walt Whitman

Ao final do processo, um relatório de evoluções é dado ao cliente para que ele veja, de maneira objetiva, o que já estará notando de maneira empírica, o quanto sua vida mudou ao longo das sessões de *coaching*.

Agora, você já sabe quanto o *coaching* pode contribuir com sua evolução. Chegou o momento da grande virada, portanto, vire a página, escreva um novo capítulo de sua trajetória e sucesso!